Chuck Spezzano

50 Wege
loszulassen und glücklich zu sein

Wegweiser
Vergangenes loszulassen und glücklich in der Gegenwart zu leben

vianova
Verlag Via Nova

Übersetzung aus dem Amerikanischen:
Ulrike Kraemer

Originaltitel:
50 Ways To Let Go and Be Happy

Zuerst erschienen bei
Hodder and Stoughton
A division of Hodder Headline
338 Easton Road
London NW1 3BH

6. Auflage 2007
vollständig überarbeitete Auflage von
„Glücklichsein ist die beste Vergeltung“
Verlag Via Nova, Alte Landstraße 12, 36100 Petersberg
Telefon: (06 61) 6 29 73
Fax: (06 61) 9 67 95 60
E-Mail: info@verlag-vianova.de
Internet:
www.verlag-vianova.de

Satz: typo-service kliem, 97647 Neustädtles
Druck und Verarbeitung: Fuldaer Verlagsanstalt, 36037 Fulda

ISBN 978-3-936486-20-9

Widmung

Dieses Buch ist meiner Schwester Kathy und meinem Schwager Bill gewidmet. Ihr seid die Engel, als die wir Euch erleben.

Danksagung

Zuallererst möchte ich mich für die hervorragende redaktionelle Bearbeitung bedanken, die diesem Buch seine vorliegende Fassung gegeben hat. Mein Dank geht an Sue Allen, Karen Sullivan und Brian Mayne. Für die Niederschrift und allgemeine Unterstützung bedanke ich mich bei Peggy Chang und bei Kathy Miller-Strobel. Mein Dank geht auch an meine Schüler, die mich so vieles gelehrt haben. Ich möchte meiner Frau Lency und meinen Kindern Christopher und J'aime für ihre Liebe und Unterstützung und für die Gnade danken, die sie für mich sind. Euch allen vielen Dank für die wunderbare und hilfreiche Rolle, die ihr in meinem Leben spielt.

Ich möchte auch *Ein Kurs in Wundern* für das Ausmaß danken, in dem er mein Leben immer wieder beeinflußt und mir ein immer tiefgreifenderes Verständnis für Psychologie und Spiritualität vermittelt hat. Er hat mir einen Weg nach Hause gezeigt.

Inhaltsverzeichnis

Vorwort

Ich habe aufgehört zu zählen, wie oft mir der Gedanke gekommen ist: „Hätte ich das nur gewußt, als ich jünger war." In meinen Seminaren und in meiner Beratungsarbeit mit Einzelpersonen und Paaren habe ich im Laufe der Jahre viele Prinzipien der Heilung kennengelernt. Wenn ich selbst oder jemand anders litt, konzentrierte ich mich auf den Kern des Problems, um herauszufinden, wodurch es hervorgerufen wurde und wie es zu lösen war. Die meisten dieser Prinzipien lernte ich, während ich selbst diese Probleme durchlitt und entdeckte, welche Lösungen funktionieren. Daraufhin setzte ich sie auch in meiner therapeutischen Praxis ein und stellte fest, daß sie universell anwendbar sind. Was ich lernte, trug entscheidend dazu bei, daß ich anderen Menschen helfen konnte, sich in kurzer Zeit selbst von ihren Problemen zu heilen. Diese Prinzipien sind in vielen Jahren praktischer Beratungsarbeit erprobt und überprüft, und ihre Gültigkeit geht weit über die Grenzen einzelner Kulturen hinaus. Ich habe sie sowohl in Nordamerika als auch in Europa und Asien gleichermaßen umfassend und erfolgreich eingesetzt.

Ich wünschte nur, ich hätte diese Prinzipien bereits gekannt, als ich meine eigenen Beziehungen einging, denn das hätte mir sehr viel Zeit, Ärger und Kummer erspart. Seit vielen Jahren erzähle ich Geschichten vom *Baca Sensei*. Im Japanischen bedeutet *Baca* dumm oder töricht, und *Sensei* ist der Lehrer. *Baca Sensei* war derjenige, der alle Fehler erst selbst machen mußte, um dann andere die Lektionen lehren zu können, die er gelernt hatte. Dieser Lehrer bin ich. Es ist wirklich erstaunlich, wie sehr die Menschen sich über die Geschichten meiner Erfahrungen amüsieren können, während sie für mich der reinste Horror waren, als ich sie durchlebte.

Ich habe herausgefunden, daß das Prinzip des „Loslassens" eines der wichtigsten und entscheidendsten Prinzipien im Leben und in Beziehungen ist. Diese Lektion war nicht einfach für mich, denn im „Festhalten" habe ich olympische Rekorde aufgestellt. Ich fand heraus, daß meine südeuropäische Herkunft auf natürliche Weise dazu beitrug, die Grenzen zu verwischen und aus „Verschmelzung" (siehe Glossar) eine Gewohnheit zu machen, die jedes Problem nur noch weiter verstärkte.

Nachdem ich diese wichtigen Lektionen gelernt habe, möchte ich sie nun mit dir teilen. Wenn du ihnen ein wenig Verständnis entgegenbringst, wirst du feststellen, daß diese Prinzipien funktionieren, ganz gleich, ob du an sie glaubst oder nicht.

In diesem Buch geht es um das Glücklichsein und darum, wie wir es erreichen können. Es geht um das, was unserem Glücklichsein im Weg steht – ganz besonders das „Festhalten" an alten Beziehungen. Auf meinen Reisen durch Nordamerika, Europa und Asien stellte ich fest, daß zu den Problemen, die mir häufigsten begegneten, emotionaler Schmerz und Schutt gehörten, die aus früheren Beziehungen zurückgeblieben waren. Das Problem, das mir am häufigsten begegnete, war das Fehlen eines Partners, dicht gefolgt von den Problemen, die mit dem Loslassen alter Beziehungen zu tun haben. Es war klar, daß zwischen diesen beiden Angelegenheiten eine Verbindung bestehen mußte.

Dieses Buch konzentriert sich auf das, was schließlich das wichtigste Element in unserem Leben ist – das Glücklichsein. Indem wir lernen, wie wir die Verhaftungen und anderen Aspekte alter Beziehungen loslassen können, die uns heimlich oder auch nicht so heimlich daran hindern, in der Gegenwart zu leben, öffnen wir uns für eine neue oder eine tiefere Liebesbeziehung.

Die Entwicklung unserer Gesellschaft befindet sich in einer dramatischen Phase. Viele Menschen finden sich in den Fallen des Erfolges gefangen, ohne jedoch den Erfolg genießen zu können. Wir besitzen viele Dinge, von denen wir glaubten, sie würden uns glücklich machen, und doch sind wir nicht glücklich. Dies ist ein wichtiger Scheideweg, denn er zwingt uns, uns bestimmten Angelegenheiten zu stellen: Entweder kämpfen wir noch härter, geben auf und ändern unsere Ziele, oder wir lernen etwas über uns selbst, über Beziehungen und über die innere Erfahrung und den inneren Ausdruck des Lebens. Die Menschen arbeiten heute immer mehr und immer härter, nur um dort zu bleiben, wo sie sind – was ganz offenkundige Auswirkungen hat auf das Glücklichsein im allgemeinen, auf unsere Motivation und auf unsere Wahrnehmung von der Welt, die uns umgibt. An einem bestimmten Punkt unserer Entwicklung werden wir jedoch lernen, daß es die Entfaltung der Ausdrucksfähigkeit von Herz, Geist und Verstand ist, die uns glücklich macht, und nicht eine Ansammlung von „Dingen", Erfolg auf der Karriereleiter oder der Gewinn unter dem Strich. All das sind zwar gute Dinge, doch in hundert Jahren werden sie absolut keine Rolle mehr spielen.

Die Arbeit mit älteren Menschen hat mir gezeigt, daß es im Leben um so viel mehr geht als um materielle Errungenschaften. Diese Männer und Frauen gaben mir eindeutig zu verstehen, daß sie nicht das bedauerten, was sie in ihrem Leben getan hatten, sondern das, was sie nicht getan hatten. Zumeist kommt dieses Bedauern in den Bereichen von Beziehung und Familie zum Ausdruck. Wenn wir an der Vergangenheit festhalten – und das gilt ganz besonders für Beziehungen und Familie –, setzen wir unser Glücklichsein in der Gegenwart am ehesten aufs Spiel.

Wenn wir der Vergangenheit verhaftet sind – und letztlich ist jeder Schmerz ein Zeichen dafür, daß wir an vergangenem Schmerz festhalten –, dann bringt jeder Schmerz ein Muster zum Ausdruck, bei dem es um unerledigte emotionale Angelegenheiten und unerfüllte Bedürfnisse aus der Vergangenheit geht. Loslassen ist eines der mühelosesten Prinzipien der Heilung. Wir müssen nur den Mut haben, es anzuwenden. Der Mut und das Vertrauen, Vergangenes loszulassen, ermöglichen in unserem Leben eine Neugeburt. Sie geben uns die Chance, in der Gegenwart glücklich zu sein. Es ist an der Zeit, daß wir lernen, diesen Prozeß zu verstehen, damit wir in diesem so überaus wichtigen Bereich des Glücklichseins in Beziehungen endlich Erfolg haben können.

Forschungen haben ergeben, daß fast alle Menschen eine Reihe emotionaler Krisen durchmachen, die zum Teil so schwerwiegend sein können, daß sie die Einweisung in ein Krankenhaus erforderlich machen. Eine der häufigsten Ursachen für solche Krisen ist ein Verlust. Auch wenn es in diesem Buch in erster Linie um den Verlust von Beziehungen geht, kann es ohne weiteres auch auf andere einschneidende Situationen unseres Lebens angewendet werden. Dazu gehört zum Beispiel der Tod eines geliebten Menschen, der Verlust des Arbeitsplatzes oder der Verlust von materiellem Besitz. In solchen Zeiten, in denen es so wichtig wäre, einen Therapeuten, Berater, Lehrer oder weisen Freund an der Seite zu haben, mit dem wir reden können, haben viele Menschen zu solchen Helfern keinen Zugang oder können sich diese Hilfe nicht leisten. Dieses Buch soll für alle, die ihn brauchen, dieser weise Freund sein. Es soll denen helfen, die wirklich professionelle Hilfe wollen, sie aber nicht finden oder sich nicht leisten können. Es soll den Menschen zu Hilfe kommen, die sich in ihrem Schmerz zurückgezogen haben und ihn auch allein bewältigen wollen.

Die Probleme, die dadurch entstehen, daß wir nicht loslassen, können ein Leben lang andauern. Ich habe allerdings die Erfahrung gemacht, daß die Lösung sehr schnell gefunden werden kann, manchmal sogar innerhalb weniger Stunden. Ich war schockiert, als mir vor ungefähr sechs Jahren jemand berichtete, ein herausragender Therapeut und Buchautor habe gesagt, zwei oder drei Jahre seien eine „normale" Zeitspanne, um ein bestehendes Problem zu heilen. Ich konnte mir einfach nicht vorstellen, daß es irgendein Problem geben sollte, dessen Heilung so lange dauert. Es mag durchaus sein, daß einige Probleme so lange – oder auch noch länger – dauern, doch ihr Heilungsprozeß läßt sich beträchtlich beschleunigen, wenn man das Unterbewußtsein in die Arbeit einbezieht.

Mit der entsprechenden Bereitschaft und unter den richtigen Umständen kann ein Problem innerhalb von ein oder zwei Stunden geheilt werden. Ich habe beobachtet, daß chronische oder schwerwiegende Probleme – wie Krebs, Alkoholismus, die Unfähigkeit, Gefühle auszudrücken, furchtbare Alpträume, Borderline-Psychosen und sogar Allergien – innerhalb von nur einer Stunde aufgelöst wurden. Das vorliegende Buch ist zwar als 50-Wege-Prozeß gestaltet, aber vollständige Heilung kann tatsächlich geschehen, wenn du eine einzige Lektion wirklich lernst. Du mußt sie nur so gut lernen, daß die restlichen Lektionen zwar hilfreich, für deinen besonderen Heilungsprozeß aber nicht erforderlich sind. Wenn das geschieht, empfehle ich dir jedoch trotzdem, auch die anderen Lektionen durchzuarbeiten und dir ihr Wissen anzueignen. Sie runden deinen Heilungsprozeß ab und werden dir helfen, auch andere Probleme zu heilen, die du jetzt hast oder vor denen du in der Zukunft möglicherweise stehst.

Dieses Buch ist nicht religiös, aber es basiert auf spirituellen Prinzipien. Im Laufe der Jahre habe ich festgestellt, daß höhere psychologische und spirituelle Prinzipien nur durch eine sehr dünne Grenzlinie voneinander getrennt sind. Ich hoffe, daß dieses Buch allgemein genug gehalten ist, damit diese Prinzipien auch in deinen eigenen religiösen oder spirituellen Rahmen passen. Ein solcher Rahmen kann in sehr großem Maße dazu beitragen, deinen Heilungsprozeß zu beschleunigen.

Dieses Buch soll, wie ein langjähriger Freund, mehr als eine einmalige Erfahrung für dich sein. Du kannst immer und jederzeit zu ihm zurückkehren, und jedesmal wirst du ein wenig mehr lernen und ein wenig mehr Heilung erfahren. Es enthält Gelerntes und Weisheit aus mehr als dreißig Jahren, und es ist in „Schichten" geschrieben, so daß jeder, vom Anfänger bis zum altgedienten Therapeuten, etwas darin findet. Jedesmal, wenn du zu ihm zurückkehrst, wirst du neue Erkenntnisse gewinnen.

Das Leben ist bedeutend größer als jede Theorie. Prinzipien, die auf langjährigen Erfahrungen aus erster Hand beruhen, sind nur so gut wie der Künstler, Wissenschaftler oder Autor, der sie zu beschreiben versucht. Dieses Buch hat nicht den Anspruch, alles zu enthalten, was es über das Loslassen zu wissen gibt. Es soll vielmehr einen Weg durch jede Herausforderung darstellen, vor der du möglicherweise stehst. Möge es ein Schritt sein, der dir eine neue und bessere Gegenwart und Zukunft eröffnet. Möge es dir den Weg weisen, damit du von neuem in wahrer Liebe glücklich und froh sein kannst.

Ich bin das Glücklichsein

Ich bin das Glücklichsein.

Wenn du mich jagst, wirst du mich niemals fangen.
Wenn du mich mehr willst als alles andere, gehöre ich dir.
Wenn du erwartest, daß ich eine Form habe, werde ich dich enttäuschen.
Wenn du mich in einer Form findest, werde ich gehen, während du schläfst.

Wenn du ein wahrer Suchender sein willst, dann gehe über dein Selbst hinaus.

Wo Frieden und Unschuld wohnen, dort will ich mein Zelt errichten.
Liebe ist der einzige Kelch, aus dem ich trinke.
Du kannst mich nicht nehmen – ich kann nur empfangen werden.
Du kannst mich nicht kaufen – ich kann nur gegeben werden.

Nur wenn du mich vergißt, kann ich kommen.

Ich bin niemals allein, sondern werde immer geteilt.
Ich füge die Hände zusammen, die vertrauen.
Wenn Wahrheit die Waffe ist, wird es in meinem Namen keine Gefallenen geben.
Ich nehme keine Gefangenen.

Entscheide dich für mich.

Du kannst nicht recht haben und gleichzeitig glücklich sein.
Kein Opfer kennt mich.
Hast du mich nicht für 30 Stücke Schmerz verkauft,
weil ich fort bin, wenn du zurückgezogen und verletzt bist?

Recht haben ist nur der Versuch zu verbergen, wie sehr im Unrecht du dich fühlst.

Wenn du dich im Unrecht fühlst, bestrafst du dich selbst und andere.
Jedes Opfer bekommt recht – manchmal todsicher recht, immer eine Sackgasse.[1]

Das Opfer und der Peiniger sind nur zwei Seiten derselben Münze.
Beide suchen an all den falschen Orten nach Liebe.

Ich bin von der Aufopferung gekreuzigt, aber ich bin das immerwährende Versprechen der Auferstehung.

Wenn der Tod dich aufhalten kann, dann glaubst du, daß ich außerhalb von dir bin.
Wenn du mit nicht mehr als deinem kleinen Selbst zufrieden sein kannst,
dann kennst du die wahre Bedeutung des Ghettos –
und was soll ich mit dieser Heldentat an das Universum anfangen?

Entscheide dich für mich.

Es ist niemals eine Frage des Könnens; es ist immer eine Frage des Wollens.
Du entscheidest dich für den Tod wie die Lemminge; ich bin die Pforte des Lebens.
Ergib dich, ich habe dich umzingelt.
Du bist in der Unterzahl.

Ich bin Eins – du bist fünf Milliarden.

Willst du mich schwach, schaue dich außerhalb deiner selbst um.
Willst du mich stark, schaue nach innen.
Warum wählst du eine Zeit, die dir immer davonläuft?
Ich bin jetzt bei dir.

Entscheide dich für mich.

Vergleiche, und ich verliere mich im Gemisch der Formen.
Wetteifere, und du glaubst an Verlust.
Der Verlust der anderen ist dein zukünftiger Schmerz.
Du siehst das, was du glaubst.

Gewinnen und verlieren fördert den Glauben an Mangel.
Nicht Ich komme aus deiner Fülle, sondern sie kommt aus Mir.
Wenn du für etwas eintrittst, bist du ein Leumundszeuge.
Das ist nur eine der Rollen, die du im Gerichtssaal spielst.

---

1 Anm. der Übersetzerin: Der Verfasser benutzt hier ein Wortspiel in Verbindung mit dem Wort „dead" = tot, das sich in dieser Form nicht ins Deutsche übertragen läßt. Der Begriff „dead right" bedeutet völlig oder todsicher recht haben. Der Begriff „dead end" (wörtlich übersetzt: totes Ende) bezeichnet eine Sackgasse.

Richter, Geschworene, Anklage, Verteidigung.

Ich bin nicht da.
Wenn das Glücklichsein nicht dafür eintritt, warum solltest du?
Niemand macht mich.
Du kannst mich nicht erschaffen.

Ich BIN zu jeder Zeit.

In deiner Schöpfung aber erhebst du Anspruch auf mich.
Ich bin niemals Tun, ich bin immer Sein.
Wenn du mich nicht finden kannst, schaue mit Augen, die vergeben.
Was immer du willst, gib es fort, so daß du es als das Deine haben kannst.

Entscheide dich für mich.

Wenn du in Versuchung bist, glaubst du, daß ich eine Form habe.
Wenn du in Versuchung bist, glaubst du, daß ich außerhalb von dir bin.
Wenn du in Versuchung bist, sitzt du nur deine Zeit ab.
Nur was dich in Versuchung führt, kann dich töten.
Deine Versuchung ist nur eine weitere Methode, um alten Schmerz zu verbergen.

Spüre die Versuchung:
Sie glänzt, aber sie ist kein Gold.
Spüre das Glücklichsein:
Wie lange kannst du zulassen, daß ich dich liebe, ohne dich abzuwenden?

Entscheide dich für mich.

Ich bin hier, jetzt, in dir, dich liebend.
Wohin läufst du denn schon wieder?
All dein Suchen wird Mich nur dort finden, wo du begonnen hast.
Wie lange muß ich warten?

Daß du eine Gewohnheitskreatur bist, macht dich zu einer Kreatur.

Eine neue Suche, zu der du dich aufmachen mußt, eine neue Frage.
Wirst du dem Hier und Jetzt jemals näher kommen?
Die Worte „Es ist nur eine Frage der Zeit“
können entweder die letzte Hoffnung oder das Todesurteil sein.

Was sind sie in DEINEM Leben?

Es ist niemals eine Frage der Zeit, es ist immer eine Frage des Mutes.
Wenn du die Zeit hast, habe ich den Mut.
Wenn du die Verfolgung aufnimmst,
kannst du niedergeschlagen sein, bevor oder nachdem du Erfolg hattest.

Die Gründe dafür sind unterschiedlich.

Wenn du niedergeschlagen bist,
welchen Verlust hast du nicht losgelassen?
Sind Werturteile und Trauer besser als das Glücklichsein jetzt?
Ich bin hier, jetzt, und ich warte.

Entscheide dich für Mich.

Wunsch und Desillusionierung liegen nahe beieinander.
Wenn Desillusionierung sich einstellt, glaubst du, das Leben ist hart und du stirbst.
Suche nicht nach Mir, wo ich nicht gefunden werden kann.
Suche nach Mir in tausend und abertausend Dingen –

Ich bin nicht da.

Kannst du die Enttäuschung ertragen?
Versprichst du, nicht an gebrochenem Herzen zu sterben?
Schwörst du, daß ich dich im Stich ließ, obwohl ich dich hier niemals allein gelassen habe?
Doch ein neuer Kreuzzug kommt deines Weges, um mich zu verfluchen, wenn du gehst.

Entscheide dich für mich.

Du mußt lernen, daß ich nichts bin als Alles.
Welche Identität würde dich von mir fernhalten?
Nur Desperados brauchen eine Maske.
Stelle dich selbst – und nimm deine Belohnung in Empfang.

Entscheide dich für mich.
Die Feuerprobe für das Glücklichsein besteht darin, ob es an den Worten vorbeikommt:
„Du kannst mich nicht mit dir nehmen.“

Nur das, woran du im Angesicht des Todes festhalten kannst und das den Tod entschwinden läßt, trägt zu deinem Glücklichsein bei.

Wenn du nicht glücklich bist, was ist wichtiger für dich als ich?

Du hast immer noch die Wahl.

Entscheide dich jetzt für mich, denn ich bin das Geschenk, das der Himmel dir gemacht hat.
Entscheide dich jetzt für mich, denn ich bin das Geschenk des Lebens selbst.
Entscheide dich jetzt für mich, denn ich bin dein Geburtsrecht.
Entscheide dich jetzt für mich, denn ich bin das Geschenk der Liebe, die gibt, um zu lieben.

Entscheide dich jetzt für mich, denn ich bin die Erinnerung an den, der du wirklich bist.

Es ist so einfach.
Trotz allem.

Entscheide dich JETZT für mich.

Ich bin das Glücklichsein.

Weg 1
Glücklichsein ist die beste Vergeltung

Glücklichsein ist alles, worum es im Leben geht. Es ist der Himmel auf Erden, wenn auch nur für einen Augenblick. Glücklichsein ist das Element in unserem Leben, das am meisten unserer Aufmerksamkeit und Konzentration bedarf. Alles andere sind Dinge, die unser Ego ganz geschickt in die Wege geleitet hat, um seine eigene Position zu stärken. Es gaukelt uns diese Dinge vor und verspricht uns, sie würden uns glücklich machen. Werden diese Anforderungen nicht erfüllt, geraten wir in einen Teufelskreis aus Schmerz, Sichgehenlassen und Mangel (siehe Glossar), der unsere Trennung von Liebe und Wahrheit noch weiter verstärkt.

Wenn wir erwachsen werden, bauen wir unser Ego auf, um in der Welt zurechtzukommen. Wenn wir uns dann in Richtung Partnerschaft entwickeln, beginnen wir, die Barrieren des Ego zu verschieben. Das Ego will uns beibringen, daß Selbsterhöhung – der Wunsch, daß man uns als etwas Besonderes behandelt und daß alle sich der Erfüllung unserer Bedürfnisse widmen – Liebe ist und daß es wichtiger ist, andere zu besiegen, als gemeinsam mit anderen zu gewinnen. Das Ego verbirgt Angst und unterstützt Schuld, und keines von beiden ist auch nur im entferntesten hilfreich. Das Ego plant Feldzüge von Leid und gebrochenen Herzen, es festigt unsere Rolle als Opfer oder Peiniger, und wenn wir durch falsche Ziele schließlich hinreichend enttäuscht und desillusioniert sind, plant es unseren Tod. Verglichen mit der Erfahrung des Glücklichseins wäre es verrückt, dem Weg des Ego zu folgen, denn er birgt unendlich viele Fallen, dunkle Geschichten, Verschwörungen, Schattenfiguren und falsche Götter, die alle ein Mittel der Täuschung sind, damit wir nicht dem Weg des Lebens, sondern dem Weg von Vergeltung und Rebellion folgen.

An dieser Stelle möchte ich dich mit dem Begriff der Vergeltung bekanntmachen. Du solltest dich davon nicht entmutigen lassen, denn Vergeltung ist eine der am tiefsten verborgenen Dynamiken bei jedem Problem. Du mußt dieses Konzept auch nicht jetzt sofort in seinem vollen Umfang begreifen, doch irgendwann solltest du es verstehen und dir seiner bewußt werden. Die Tatsache, daß wir nicht glücklich sind, ist Beweis dafür, daß die Vergeltung das Kommando in unserem Leben übernommen hat. Wenn wir nach und nach mehr über Vergeltung lernen und uns dabei ertappen, wie wir diesen Fehler begehen, wird unser Leben sich in vielen Bereichen verbessern. Hier sind nun einige der Hauptgründe, warum wir die Vergeltung am Leben erhalten. Versuche nicht, alles sofort zu verstehen. Die meisten Menschen brauchen ihr ganzes Leben, um es zu lernen.

Vergeltung rührt von einer Zurückweisung oder einem Herzensbruch her, den wir selbst auslösen, um eine Schuld zu bezahlen, um Dinge so zu tun, wie wir es wollen, und um uns vor unserer Lebensaufgabe zu verbergen, während wir behaupten, wir seien zu klein, um unser Potential und das, was wir auf einer Seelenebene versprochen haben, zu erfüllen. Vergeltung ist eine Sackgasse, die auf Machtkämpfen und Schmerz aufbaut. Sie rührt immer von einer Vergeltung gegenüber unseren Eltern her, und sie ist gleichzeitig eine Vergeltung gegenüber Gott, mit der wir Ihm die Schuld an einer Welt geben, die wir selbst erschaffen haben, und an Umständen, die unser Ego erschaffen hat, um etwas zu bekommen. In dieser Verschwörung gegen unsere Eltern und Gott werden wir letztlich zum verlorenen Kind, treffen falsche Entscheidungen, verschwenden unser Erbe, ertragen Leid und Unabhängigkeit und sind die ganze Zeit zu stolz, Hilfe zu erbitten. Wir haben unsere Rebellion zu neuen Höhen geführt und projizieren unsere Gefühle und Fehler auf Gott. Dann aber leugnen wir Ihn, wenn nicht durch das, was wir sagen, dann durch das, was wir tun. Dies ist nicht nur eine Metapher. Es ist der tiefgründigste Ausdruck für die Fallen, die unser Verstand uns stellt. In Weg 49 werden wir uns näher mit diesem Thema befassen.

Die eigentliche Frage ist nicht, wie wir so töricht sein konnten, solche schlechten Investitionen zu tätigen, sondern warum wir so töricht sind, sie auch weiterhin zu tätigen, wenn doch das Glücklichsein auf uns wartet. Es gibt einen Weg zum Glücklichsein, der auf alle Menschen allgemein und auf uns im besonderen zutrifft. Warum sind wir nicht neugieriger, etwas darüber zu erfahren? Kann das Glücklichsein wirklich so einfach und wahr sein? Dieser Weg des Glücklichseins könnte den alles entscheidenden Unterschied in unserem Leben bewirken. Er könnte uns von dem Weg des Schmerzes fortführen, von dem das Ego uns einreden wollte, daß er uns durch Vergeltung glücklich machen würde. Warum wollen nicht mehr Menschen diesen Weg finden, um sich aus ihren Fallen zu befreien? Anstatt den Weg zum Glücklichsein einzuschlagen, entscheiden wir uns auch weiterhin für die beschwerliche Straße des Todes.

Das Glücklichsein nimmt keine Geiseln und schleppt kein beschwerliches Gepäck. Es lebt im Hier und Jetzt. Es führt keine Akten und Aufzeichnungen über die Menschen, und es erlaubt ihnen auf ewig, sie selbst zu sein, statt sie auf eine vergangene Leistung oder deren Nichterfüllung zu degradieren. Glücklichsein ist nicht naiv, sondern bewußt. Es täuscht weder sich selbst noch andere. Es will nicht nehmen, sondern nur geben, und daher ist es fähig, so fröhlich zu empfangen und zu ernten, wie es sät. Das Glücklichsein erkennt aus der Vergangenheit und in dem, was kommen wird, nur Segnungen. Dennoch weiß das Glücklichsein, daß es der ganz einfachen Entscheidung entspringt, in Gnade zu empfangen. Glücklichsein ist einfach und unkompliziert. Es will geteilt werden, um sich zu vermehren. Es ist ein Geschenk, das wir allen Menschen machen können, die um uns sind. Es sagt Gott, unseren Eltern, unseren Partnern, Ehegatten, Freunden und Kindern, daß sie uns niemals im Stich gelassen haben, weder jetzt, noch zu einer anderen Zeit. Das Glücklichsein ist der Teil der Gegenwart, der wie die Ewigkeit ist. Es ist das Geschenk eines liebenden Gottes und eine Frage der Entscheidung. Das Glücklichsein meidet das Werturteil, denn es weiß, daß das Werturteil Schuldgefühle verbirgt, die ihrerseits Groll und unglückliche Muster hervorbringen, und daß es uns in das Problem einsperrt, statt uns Lösungen zu bringen, die uns zur Unschuld führen würden.

Das Glücklichsein bringt uns in unsere Mitte zurück, und es fordert nicht mehr als die Entscheidung, glücklich zu sein. Für das Glücklichsein müssen wir nichts tun, denn es ist bereits in uns vorhanden. Wir müssen lediglich das loslassen, was im Weg steht. Glücklichsein und Vergebung sind die besten Freunde: Das eine führt immer zum anderen. Das Glücklichsein hält an nichts fest, denn es weiß, daß Verhaftung das Empfangen auf einer höheren Ebene blockiert. Durch unsere Verhaftung daran, wie gut oder wie schlecht die Dinge waren, verlieren wir die Gelegenheit, jetzt glücklich zu sein. Glücklichsein rührt von einer Erkenntnis von Fülle, Liebe und Kreativität her, die geteilt werden will. Es ist einfach und profund, offen und klar, stark und zärtlich. Glücklichsein ist eine Party, die alle einlädt, denn es weiß, daß Freude durch Einbeziehung wächst. Es weist keine Schuld zu, und darum ist es frei von Schuld. Das Glücklichsein empfängt alle guten Dinge, und es entscheidet sich immer dafür, die lichten Seiten des Lebens zu sehen. Auf dem Weg des Glücklichseins werden wir durch Zeichen eines umfassenderen Glücklichseins geführt.

Das Glücklichsein weiß, daß Vergeltung eine Sackgasse ist. Vergeltung kann uns niemals glücklich machen. Wenn wir das Glücklichsein umarmen, umarmen wir unser Schicksal, und wir erkennen, wer wir auf dieser Erde sein wollen. Wenn wir glücklich sind, behandeln wir uns selbst außerdem so, wie wir andere behandeln. Glücklichsein gibt die Rebellion auf und hört auf die Wahrheit.

Das Glücklichsein wünscht sich, daß wir an ihm teilhaben sollen, wenn wir ihm nur zuhören würden.

Übung

Unterziehe dein Leben einer Prüfung, insbesondere in den Bereichen, in denen du nicht glücklich bist. Das sind die Orte, an denen du Vergeltung übst, sowohl gegenüber allen, die an der jetzigen Situation beteiligt sind, als auch gegenüber den Menschen aus der Vergangenheit, einschließlich deiner Eltern und Gott. Du denkst, daß die Menschen dich im Stich gelassen haben, und deshalb glaubst du, daß du unabhängig sein und die Dinge für alle Zeiten so tun kannst, wie du willst. Irgendwie hast du gedacht, Fortlaufen würde dich eher glücklich machen als Heilung. Du dachtest, daß eine Entscheidung für etwas anderes als das Glücklichsein, in diesem Fall für Vergeltung oder Rebellion, dich in diesen Situationen glücklich machen würde.

Entscheide dich wieder neu für das Glücklichsein – jetzt, heute und jeden Tag. Es kann sein, daß du komplizierte Fallen aufgestellt hast, die aus einer Reihe von Schichten bestehen. Sie haben dich unglücklich gemacht, aber jede Entscheidung bringt dich dem Glücklichsein eine Schicht näher. Umarme dein Glücklichsein jetzt und für alle Zeiten. Wenn dein Glücklichsein einmal erkannt wurde, dann will es, daß andere Menschen an ihm teilhaben, damit auch sie die Freude empfinden. Auf diese Weise wird es sich weiter vermehren.

Weg 2
Wenn du glücklich sein willst, lasse los

Stellen wir uns der Tatsache, daß es viele Gründe gibt, unglücklich zu sein – genug Gründe für ein ganzes Leben. Die Erfahrung, die wir im Leben machen, hängt jedoch in sehr großem Maße von unserer Einstellung ab und davon, was wir wirklich wollen und welche Entscheidung wir treffen. Dazu gehört auch, wie wir uns einem Verlust stellen. Letzten Endes entscheiden wir selbst, was geschieht und welche Auswirkungen dies auf unser Leben hat. „Was dich nicht umbringt, das macht dich stärker." Und so entscheiden wir selbst, welche Bedeutung eine Erfahrung für uns hat.

Denke über den Verlust nach, den du erlitten hast. Was sollte deinem Willen nach geschehen? Was, hoffst du, wird das Endergebnis dieses Verlustes sein? Willst du, daß es dein Ende ist, oder soll es der Beginn einer ganz neuen Ebene sein? Soll dein Leben hier enden, oder willst du die damit verbundene Lektion lernen, damit du erfolgreicher und liebevoller werden kannst? Soll dein Schmerz ein Denkmal für die Beziehung und ihr Ende sein? Oder willst du die Liebe, die dir gegeben wurde, empfangen und zulassen, daß das Glücklichsein zu deiner Lebensweise wird? Wird diese Angelegenheit zu einem Problem, das du niemals überwinden wirst, oder wird sie zum Sprungbrett für eine ganz neue Ebene in deinen Beziehungen? Willst du für den Rest deines Lebens ein langes Gesicht machen, das sagt: „Ich bin so, wie ich bin, weil dieser Mensch mir das angetan hat. Unter den Händen dieses Menschen bin ich zerbrochen?" Das ist deine Vergeltung: Du bleibst in deinen Gefühlen verletzt, und du sagst, daß derjenige, der dich verletzt hat, einfach kein guter Mensch sein kann, wenn er bereit ist, dich so einsam und verzweifelt zurückzulassen. Willst du dir wirklich selbst wehtun, nur um Vergeltung zu üben? Wäre es nicht in jeder Beziehung wirkungsvoller, wenn du dich statt dessen dafür entscheidest, glücklich zu sein?

Übung

Stelle dir die Frage, was du beweisen willst, indem du zuläßt, daß der Prozeß des Loslassens sich so entfaltet, wie er es tut. Wenn du deine Antwort bekommst, dann frage dich, was du damit beweist. Wenn du deine Antwort auf diese Frage erhältst, dann frage dich wieder, was du damit beweist. Stelle diese Frage bei jeder neuen Antwort, die sich dir offenbart. Du kannst dreißig bis vierzig Minuten lang damit fortfahren – oder bis du an einen Ort der Glückseligkeit gelangst. Jede Antwort offenbart dir eine Kompensation (siehe Glossar). Wenn du zur nächsten und tieferen Antwort gelangst, fällt die vorherige Schicht von dir ab. Dies ist eine sehr einfache Methode, um zahlreiche Selbstkonzepte zu überwinden und loszulassen. Vertraue dem, was dir in den Sinn kommt.

Was du beweisen willst, ist nichts anderes als das Selbstkonzept oder die Identität, die du stützen willst. Es ist eine Kompensation – etwas, das du beweisen willst, an das du aber nicht wirklich glaubst. Statt etwas beweisen zu wollen, könntest du dich auch dafür entscheiden, glücklich zu sein, denn das Glücklichsein umfaßt bereits alles, was du dir wünschen kannst. Es ist wichtig zu erkennen, daß jedes Problem und jeder Prozeß des Loslassens aus einer ganzen Reihe von Schichten bestehen kann – manchmal sind es mehrere hundert. Jede Entscheidung führt dich aber durch eine oder mehrere Schichten hindurch zum Glücklichsein hin.

Weg 3
Die Geschichte deines Lebens

Menschen sind Geschöpfe, die Geschichten erzählen. Auf den tiefsten Ebenen des Geistes gibt es Energie, und der Geist unterscheidet dann nach Symbolen, Archetypen, Mythen und Geschichten. Wir geben unserem Leben eine Bedeutung, und daher erzählen wir eine bestimmte Geschichte darüber. Zudem erzählen wir sie aus einem bestimmten Grund. Unsere Geschichte begründet die uranfänglichsten Muster unseres Lebens, und diese Muster sind nicht nur elementarer als Familienmuster – sie erzeugen diese auch. Da die größten Fallen in Lebens-, Beziehungs- und Opfermustern durch Familienmuster erzeugt werden, ist die erschaffende Wirkung, die die Handlung unserer Geschichte auf unser Leben hat, enorm stark. Sie ist ein Seelenmuster.

Denke nun einmal darüber nach, wie dein Verlust in deine Geschichte hineinpaßt. Spielt er in deiner Lebensgeschichte nur eine Nebenrolle? Ist er nur ein Schritt auf dem Weg zum höchsten Erfolg? Ist er nur eine weitere Tragödie in einer langen, tragischen Geschichte? Ist er der Wendepunkt in der Geschichte, zum Guten oder zum Schlechten? Was geschieht danach? Ist er der Höhepunkt oder nur die Eröffnungshandlung? Dieser letzte Verlust ist ein Kapitel in deiner Geschichte. Welche Überschrift hat das Kapitel? Welchen Namen wird das nächste Kapitel tragen? Wie wirst du die Fortsetzung dieser Geschichte erzählen? Bei all diesen Fragen liegt es an dir, die Entscheidung zu treffen. Was willst du in deinem Leben? Eine glückliche Geschichte, eine Liebesgeschichte, eine Abenteuergeschichte oder eine Entdeckergeschichte?

Die höchste Kraft, die wir besitzen, ist die Kraft, uns jetzt und immer wieder für die Geschichte zu entscheiden, die wir wirklich wollen. Die Entscheidung für das, was wir wollen, wird uns zu ihm hinführen. Entscheidungen, die fortwährend in eine ähnliche Richtung getroffen werden, werden zu einer Geisteshaltung.

Übung

Wenn dein Leben ein Film wäre, welchen Titel hätte er? Was für eine Geschichte würde der Film erzählen? An wem würdest du durch diesen Film Vergeltung üben?

Nimm ein Blatt Papier zur Hand und schreibe in einer Art „Bewußtseinsstrom" die Geschichte deines Films auf. Lasse sie so schnell aus dir herausströmen, wie du nur kannst. Du kannst auch ein Tonband nehmen und die Geschichte aufzeichnen. Unterziehe das, was in deinem Leben geschehen ist und gerade geschieht, und die Geschichte, die du als deinen Film aufgezeichnet hast, einer Prüfung. Wo sind sie sich ähnlich? Denke darüber nach, auf welche Weise das Muster deines Films sich in deinem Leben manifestiert, wenn du berücksichtigst, daß deine Geschichte das Muster deines Lebens und deiner Erfahrung festlegt. Welchen Zweck hat diese Geschichte oder dieser Verlust in deiner Geschichte? Für welche Geschichte würdest du dich jetzt entscheiden?

Weg 4
Glücklichsein ist das Ziel

Das Glücklichsein muß unser Ziel sein, wenn wir uns und das, was wahr ist, nicht inmitten unseres arbeitsreichen Lebens verlieren wollen. Weil unsere Verbundenheit in der Kindheit zerbrochen ist, sind auch unser Blickwinkel und unsere Prioritäten in bezug auf das, was wichtig und wahr ist, verzerrt, zerbrochen und verloren. Als Folge davon ist der Antriebsmotor unseres Lebens nicht das Glücklichsein, sondern das Adrenalin. Wir sind in Geschäftigkeit, Konsum, Leblosigkeit, Rückzug, Aufopferung, Sichgehenlassen, Unabhängigkeit, Trennung und stiller Verzweiflung gefangen. Wir erschaffen ein Drama oder sogar Gewalt, damit wir in unserem Leben überhaupt etwas fühlen.

Wenn wir erkennen, daß Glücklichsein das Ziel und zugleich der beste Weg ist, um das Ziel zu erreichen, dann wissen wir, daß wir die richtige Richtung eingeschlagen haben. Wenn unser Ziel etwas anderes als das Glücklichsein ist, wenn wir etwas anderes als Glücklichsein fühlen, dann müssen wir unseren Kurs ändern, um wieder in die Mitte unseres Lebens zurückzugelangen. Unsere Mitte ist kein Ort der Selbstbezogenheit; sie ist ein Ort der Verbundenheit und der wahren Perspektive. Wir tragen immer profundere Aspekte unserer Mitte in uns, die uns zu immer größerem Glücklichsein und Verständnis führen. Als Folge unserer verlorenen Verbundenheit stecken wir uns viele falsche Ziele, die uns nicht zufriedenstellen werden. Ohne Glücklichsein wird unser Leben zu einem Teufelskreis, zu einer immer engeren Spirale aus Sichgehenlassen, Aufopferung, um die Schuld für das Sichgehenlassen zu bezahlen, erneutem Sichgehenlassen in dem Versuch, das „Burnout“[2] der Aufopferung zu lindern, dann wieder Aufopferung, um diese Schuld zu bezahlen, und so fort.

---

2 Anm. der Übersetzerin: Als „Burnout“ bezeichnet man ein Gefühl der völligen Erschöpfung (Burnout-Syndrom). Man fühlt sich – im wahrsten Sinne des Wortes – „ausgebrannt“.

Glücklichsein, Liebe, Geben und Empfangen, Kreativität, Wahrheit, Gleichgewicht, Verbundenheit, Zentriertheit und die Fähigkeit des Loslassens sind alle auf eine ähnliche Weise miteinander verbunden. Wenn wir in Richtung Glücklichsein gehen, wissen wir, daß wir uns endlich auf dem Weg zur Wahrheit befinden. Wir alle glauben, daß wir bei allem, was wir tun, tatsächlich auf dem Weg zum Glücklichsein *sind*, doch im Hinblick auf die Dinge, von denen wir glaubten, sie würden uns glücklich machen, haben wir bei unseren Entscheidungen häufig schwerwiegende Fehler gemacht. Wenn wir ein Problem haben oder uns in einer unglücklichen Situation befinden, ist das ein sicheres Anzeichen dafür, daß wir hinsichtlich dessen, wovon wir dachten, es würde uns glücklich machen, einen Fehler begangen haben. Diese Entscheidungen können im Bruchteil einer Sekunde getroffen werden. Dann verdrängen wir sie und können uns möglicherweise gar nicht mehr daran erinnern, daß wir sie überhaupt getroffen haben.

Mit Bewußtheit können wir uns „ertappen", ehe wir uns irrigerweise für Schmerz, Probleme, Krankheit, Versagen, Vergeltung oder Verlust entscheiden. Das gibt uns die Möglichkeit, uns wieder neu für die Wahrheit und das Glücklichsein zu entscheiden. In jeder problematischen Situation oder schmerzlichen Zwangslage können wir uns wieder neu für das Glücklichsein entscheiden. Wir können zugeben, daß wir im Hinblick auf die Dinge, von denen wir unser Glücklichsein erwarteten, unrecht hatten, und wir können den Himmel bitten, uns den Weg zurück zum Glücklichsein zu zeigen.

Laßt uns alle gemeinsam Schüler in der Schule des Glücklichseins sein. Wenn wir lernen, was uns wirklich glücklich macht, schreiten wir von einer Stufe der Evolution zur nächsten voran. Glücklichsein ist die einzig gültige Meßlatte für unser Leben. Wenn es fehlt, ist etwas nicht im Lot. Wir haben unser Gleichgewicht und unsere Perspektive verloren. Glücklichsein lebt weder in der Zukunft noch in der Vergangenheit, sondern im Hier und Jetzt. Wenn Glücklichsein in der Summe unseres Lebens fehlt, müssen wir uns ändern, um glücklich zu sein. Wenn wir uns immer wieder neu für das Glücklichsein entscheiden, lernen wir, daß wir unsere Vergangenheit und unsere Verhaftungen, unser Sichgehenlassen und andere vorgetäuschte Formen des Glücklichseins immer wieder neu loslassen müssen. Wenn Glücklichsein unser Ziel ist und wir seinem sich entfaltenden Weg folgen, nehmen unser Wissen und unsere Klugheit zu. Wir können im Jetzt und in jedem zukünftigen Jetzt immer größeres Glücklichsein erfahren. Mit der Zeit bringen wir mehr Glücklichsein in unser eigenes Leben und in das anderer Menschen hinein.

Übung

Beurteile dein Leben heute dahingehend, wieviel Glücklichsein es im allgemeinen und im besonderen gibt. Wie gut bist du darin, glücklich zu sein? Betrachte die Bereiche, in denen deine Ergebnisse schlecht sind, als Bereiche falscher Entscheidungen, wenn es um das Glücklichsein geht. Verpflichte dich dem Glücklichsein. Bitte darum, daß dir der Weg gezeigt wird. Nimm dir für den Rest deines Lebens mindestens einmal in der Woche Zeit, und wiederhole diese Übung. Wenn du dich dem Glücklichsein verpflichtest, bringt dich das auf den richtigen Weg zurück, wenn vielleicht auch nur für eine Weile. In einem bestimmten Bereich deines Lebens gibt es möglicherweise viele Blockaden zwischen dir und dem Glücklichsein, aber jedesmal, wenn du dich ihm wieder neu verpflichtest, bringt es dich deinem Ziel ein wenig näher.

Weg 5
Die Natur von Verlust und Loslassen

Bei meiner Arbeit mit Menschen habe ich verschiedene Prinzipien des Loslassens entdeckt. Das erste Prinzip ist, daß es eine Minute, ein Jahr oder ein Leben lang dauern kann, bis ein Trauerprozeß abgeschlossen ist. Wie lange es dauert, ist nicht von äußeren Umständen abhängig. Wie lange es dauert, wie schnell oder langsam der Prozeß abläuft, hängt von uns ab. Es ist unser Recht zu entscheiden, wie lange der Trauerprozeß dauert, denn es ist unsere Erfahrung und unser Verlust. Ich habe erlebt, daß Menschen sich dafür entschieden, den Trauerprozeß in einer Minute abzuschließen. Es war eine wunderschöne und mutige Minute, und als sie vorüber war, hatten sie die Erfahrung dieser Beziehung integriert und waren bereit, ihr Leben weiterzuleben. Ich habe auch Menschen erlebt, die sich loszulassen weigerten, die mit der Gegenwart haderten, die Zukunft haßten und nur den einen Wunsch hatten, daß alles wieder so sein sollte, wie es war. Zornig auf das Leben und auf Gott, auf denjenigen, der sie verlassen hatte, und letztlich auf sich selbst, verschlossen sie sich vor dem Leben und vor dem, was es ihnen zu bieten hatte. Wenn wir uns weigern loszulassen, nehmen wir eine dieser sinnlosen Rollen an: Abhängigkeit, Unabhängigkeit oder den unwahren Helfer.

Loslassen kann Monate oder sogar Jahre dauern, und in dieser Zeit fühlen wir uns deprimiert, ausgelaugt, melancholisch und traurig, und wir spüren nichts von unserem gewöhnlichen attraktiven Selbst. Bis wir loslassen, stehen wir – zumindest in unserer Vorstellung – immer noch in einer Beziehung zu unserem früheren Partner, und deshalb sind wir für niemand anderen offen. Manchmal schlagen wir aus Zorn oder Schmerz die Tür zu Beziehungen zu, und es hat den Anschein, als würde niemand in unserem Leben auftauchen, bis wir schließlich erkennen, was wir getan haben, und uns entscheiden, die Tür wieder zu öffnen.

Das machtvollste Prinzip, das ich entdeckt habe, wenn es um das Loslassen geht, ist folgendes: Wenn wir loslassen, dann wird etwas viel Besseres kommen, um den Platz dessen einzunehmen, was wir verloren haben. Dieses Prinzip gilt sowohl für Menschen als auch für Situationen. Wenn die Verhaftung oder die Phantasievorstellung losgelassen wurde, entsteht eine Leere, die nun wieder neu gefüllt werden kann. Es entsteht Raum für neues Leben. Die Natur verabscheut das Vakuum. Wenn wir loslassen, lassen wir zu, daß die Dinge wieder in ihre richtige Perspektive zurückkehren. Dann können wir wieder von neuem beginnen, indem wir in der Gegenwart leben.

Übung

I. *Nimm dir heute ungefähr zehn Minuten Zeit, um über das Prinzip nachzudenken, daß, wenn du etwas losläßt, etwas Besseres kommt, um seinen Platz einzunehmen. Denke im Hinblick auf deine gegenwärtige Situation im Laufe des Tages hin und wieder darüber nach.*

II. Gehe heute die Erinnerungsstücke der Beziehung durch – Briefe, Kleidungsstücke, Geschenke, Bilder oder andere Dinge. Bringe sie in Ordnung. Wirf die Dinge weg, die wegzuwerfen sind, und packe alles zusammen, was weggeräumt werden muß, um dir selbst die Möglichkeit zu geben, die Dinge in ihre gegenwärtige Perspektive zu bringen. Nimm deine Erfahrungen wahr, während du aufräumst und ausmistest. Das befreit die Vergangenheit und hilft dir, stärker in die Gegenwart zu kommen.

Weg 6
Die Phasen des Loslassens

Es gibt identifizierbare Phasen, die wir alle durchlaufen, wenn wir loslassen. Nutze, während du liest, die Beschreibung dieser Phasen, um zu erkennen, wo du stehst, und um dich auf den nächsten Schritt vorzubereiten. Du bist aufgefordert loszulassen. Das zeigt, daß du an Abhängigkeit und Bedürftigkeit arbeitest. Hier ist es ganz entscheidend, daß du ehrlich zu dir selbst bist, denn sonst wird dein Leugnen dir Schmerz bereiten. Wenn du diese Prüfungen des Loslassens bestehst, kannst du die Beziehung auf einer ganz neuen Ebene zurückgewinnen. Das Paradoxe dabei ist jedoch, daß du nicht losläßt, wenn du nur losläßt, um einen Partner „zurückzugewinnen". Du mußt loslassen, als würde er niemals zurückkommen. Nur so funktioniert es, und all deine Stärke und Anziehungskraft kehren zurück.

Es gibt einige Prinzipien, die besonders hilfreich sind, wenn eine Beziehung endet. Dazu gehört: „Rufe ihn (oder sie) nicht an." In dieser Situation wird deine Bedürftigkeit zu nehmen versuchen – und zwar in der Maske des Gebens. Wenn du den Telefonvampir spielst, schadest du nur deiner Sache und setzt deine Attraktivität herab. Du wirst wissen, wann du in der ersten Phase das Loslassen mit Erfolg bewältigt hast, nämlich dann, wenn er oder sie dich anruft. Hast du das Telefon hingegen mißbraucht, wirst du erst nach der zweiten Phase angerufen werden.

In der ersten Phase des Loslassens geht es darum, daß du deinen Schmerz, deine Hoffnung, deine Bedürfnisse, Verhaftungen, Erwartungen, Pläne und Wünsche und deine Einsamkeit ganz und gar losläßt. Dies ist die allerschwierigste Phase. Wenn dein Partner anruft, hast du die erste Prüfung am Ende der ersten Phase erreicht. Er ruft dich an, weil er spüren kann, wie deine Attraktivität durch dein Loslassen wächst. In der Regel bist du noch immer in einer verwundbaren Phase, aber wenn du bewußt, entschlossen und ohne Bedürfnisse und Verhaftung im Gleichgewicht der Verbindung bleibst, kannst du dir eine ganze Stufe des Loslassens „auf die lange und harte Tour" sparen.

Bleibe so verbunden und losgelöst wie möglich. Verbunden heißt, daß du präsent und bereit bist, dich an dem Gespräch zu freuen, aber das ist auch alles. Losgelöst bedeutet, daß du keine Hoffnungen oder Phantasievorstellungen aufkommen läßt. Du genießt den gegenwärtigen Augenblick voll und ganz, aber du machst aus dem Anruf nicht mehr als das Vergnügen des Anrufs selbst. Wenn du nicht versuchst, dich deines Partners durch das Telefon zu bemächtigen, wenn du entspannt und frei von Bedürftigkeit bleibst, wirst du diese Prüfung bestehen. Wenn du diese erste Prüfung bestehst, wird dein Partner davon sprechen, daß er mit dir ausgehen will oder dich wieder anrufen wird; und das wird er auch tatsächlich in die Tat umsetzen, wenn du nicht daran festhältst, daß es geschieht. Wenn du durch die Prüfung fällst, stürzt du ab, verbrennst dich und kehrst an den Ort des Schmerzes zurück, an dem du begonnen hast. Außerdem mußt du auch mit dem Loslassen wieder ganz von neuem beginnen. Du kannst nicht lügen, wenn es darum geht, wie gut du in dieser ersten Prüfung abgeschnitten hast. Wenn du erfolgreich warst, fühlst du dich gut, und dein Partner ruft wieder an. Wenn du besonders erfolgreich warst, erhältst du eine Einladung zu einem Rendezvous an einem öffentlichen Ort. Er wird dich bitten, dich an einem öffentlichen Ort mit ihm zu treffen, weil er sich immer noch nicht sicher ist, ob du ihm eine Szene machen wirst oder nicht. Die Wahrscheinlichkeit, daß der Abend normal verläuft, ist in der Öffentlichkeit am größten.

Wenn du die Phase erreicht hast, in der du eine solche Verabredung akzeptierst, stehst du vor der Prüfung am Ende der zweiten Phase des Loslassens. Da du bei der ersten Prüfung – in der es darum ging, den Anruf zu genießen, ohne dir Sorgen darum zu machen, ob etwas dabei herauskommt – so gut abgeschnitten hast, kannst du sofort zur zweiten Prüfung gelangen. Wenn das nicht geschieht, du aber die erste Prüfung bestanden hast, dann mußt du erst all den Schmerz und Verlust loslassen, den du in der zweiten Phase erfährst. Sie ist genau wie die erste Phase, zumeist jedoch weniger intensiv und schmerzlich. Wenn dein Partner verspricht, sich mit dir zu treffen oder dich wieder anzurufen, dann wird es geschehen, doch nur – und nur – dann, wenn du das **Bedürfnis**, daß es geschehen soll, zuvor losgelassen hast. Wenn du daran festhältst, daß er dich anruft oder sein Versprechen einhält, sich mit dir zu treffen, wird es nicht geschehen. Sobald du abhängig wirst oder festhältst, wirst du wieder in die erste Phase zurückgeworfen. Er wird das Treffen absagen. Wenn du nur ein wenig festhältst, wird er es verschieben. Es wird nur dann stattfinden, wenn du ganz und gar losläßt. Denke immer daran, daß dein Partner, ganz unabhängig von der Entfernung, die euch trennt, fühlen kann, wie sehr du festhältst und wie groß deine Verhaftung ist.

Loslassen ist besser als Umformen. Es ist ein machtvolles Werkzeug, um all deine Attraktivität zu dir zurückzubringen. Wenn du einen Menschen ganz und gar losläßt, ist das zugleich ein starkes Aphrodisiakum. Der andere wird das Gefühl haben, daß er dich einfach haben und wieder mit dir zusammen sein muß.

Wenn du festhältst, dann ist das so, als würdest du „Häßlichkeitspillen" schlucken – du bleibst ganz und gar unattraktiv. Ich habe unzählige Male erlebt, wie es über den „Äther" funktioniert... In einem meiner Seminare ließ ein Freund in einer sehr kraftvollen Übung des Loslassens zwei ehemalige Ehefrauen und fünf frühere Freundinnen los. Am nächsten Tag wurde er von allen sieben Frauen kontaktiert, die ihm zu verstehen gaben: „Hallo, alter Junge, komm mich doch mal besuchen, wenn du wieder zu Hause bist..." Er war aus den USA nach Tokio gekommen, um dort an meinem Seminar teilzunehmen, und diese Frauen setzten alles daran, um festzustellen, wo er war, weil sie genau spürten und erkannten, daß seine Attraktivität zurückgekehrt war. Nach der Heimkehr aus Japan machte er sich glücklich auf, um sie alle zu besuchen.

Wenn du mit deinem ehemaligen Partner ausgehst, liegt der Schlüssel darin, daß du losgelöst, aber verbunden bleibst. Genieße es und bleibe unbeschwert. Wenn Bedürfnisse auftreten, lasse sie los. Jedesmal, wenn du das tust, steigt der Kurswert deiner Aktien ein wenig höher. Wenn du durch die Prüfung fällst, erlebst du einen emotionalen „Absturz", mußt wieder ganz von vorn anfangen und alles noch einmal neu loslassen. Wenn du nur zum Teil durchfällst, wird dein Partner dir versprechen, daß er dich anruft. Wenn du die Prüfung bestehst, bist du in der dritten Phase, und er wird eine neue Verabredung mit dir treffen. Er wird diese Verabredung sogar einhalten, wenn du dich darin übst, noch mehr loszulassen. Wenn du die Prüfung mit Bravour bestehst, wird er dich an diesem Abend einladen, mit ihm nach Hause zu kommen. Wenn du nur mittelmäßig gut bist, wird er versprechen, dich anzurufen. Wenn du durch die Prüfung fällst, wird er versuchen, so schnell wie möglich wegzukommen. Du stürzt ab, verbrennst dich und mußt wieder ganz von vorn anfangen – wie bei der Telefonprüfung, falls du sie nicht bestanden hast. Wenn du mit ihm nach Hause gehst, genieße alles, was geschieht, aber halte nicht daran fest, und bilde dir nicht ein, es würde etwas anderes geschehen als das, was tatsächlich dann und dort geschieht. Mache kein Aufhebens darum, daß du mit ihm nach Hause gehst, und nicht einmal darum, daß du mit ihm schläfst. Genieße es, aber bleibe dabei so losgelöst, wie du es bei einem Abenteuer wärst, das nur eine Nacht lang dauert. Wenn du losgelöst bleibst und es so genießt, als gäbe es kein Morgen, dann könnte es zu einer regelmäßigen Angelegenheit werden, daß du mit ihm nach Hause gehst.

Deine Beziehung kann einen neuen Anfang finden, wenn du lernst, auch das letzte Quentchen von Verhaftung an die Beziehung, wie sie bisher war, loszulassen. Wenn du in dieser Phase nur zum Teil losgelassen hast, dann hat dein früherer Partner in der Regel einen anderen Partner, will sich gleichzeitig aber auch mit dir treffen. An diesem Punkt bist du einem Erfolg auf ganzer Linie äußerst nahe. Höre jetzt mit dem Loslassen nicht auf. Wenn du zustimmst, dich mit deinem früheren Partner zu treffen, während du dich gleichzeitig mit jemand anderem triffst, gerätst du in eine Dreiecksbeziehung. Sie ist eine der ganz großen Fallen, die Intimität, Liebe und Weitergehen verhindert. Lasse dich nicht auf das Dilemma ein, dich zwischen zwei Menschen entscheiden zu müssen. Das ist eine Falle. Entscheide dich für die Wahrheit, und verpflichte dich dem nächsten Schritt. Lasse beide los. Denke daran, daß dein wahrer Partner in der nächsten Phase zu dir kommen und die Qualitäten beider Menschen mitbringen wird. Dann wirst du wissen, daß das, was geschehen ist, in dieser Weise geschehen sollte. Wenn du noch weiter losläßt, wird entweder dein früherer Partner vortreten, um zu deinem wahren Partner zu werden, oder ein neuer Partner wird diese Rolle einnehmen, weil du erfolgreich losgelassen hast.

Die Phasen des Loslassens

Phase 1: Loslassen
Prüfung: Dein Partner ruft an

Phase 2: Weiter loslassen
Prüfung: Verabredung

Phase 3: Weiter loslassen
Prüfung: Nach Hause ins Bett

Phase 4: Loslassen
Prüfung: Dein Partner hat einen anderen Partner

Phase 5: Das endgültige Loslassen,
das zur Erneuerung der Beziehung auf einer höheren Ebene
oder
zu einer neuen Beziehung auf einer höheren Ebene führt.

Wenn du bei einer dieser Prüfungen besonders erfolgreich loslassen kannst, wirst du unmittelbar zum nächsten Schritt geführt.

Übung

Erstelle eine Graphik der verschiedenen Phasen und markiere darauf, wo du stehst. Auf diese Weise kannst du dir der Phasen besser bewußt werden – und auch der Chance, die du hast, um von einer Prüfung zur nächsten zu springen und so viel Zeit zu sparen. Außerdem ist die Graphik eine Hilfe, indem sie dir sagt, was auf dich zukommt. Überlege, an welcher Stelle dieser Phasen du dich befindest, und warum. Verpflichte dich dem Erfolg, nicht nur in der Phase, in der du dich gegenwärtig befindest, sondern auch in den Phasen, die darauf folgen.

Weg 7
Glücklichsein ist eine Entscheidung

Jeden Tag verarbeitet unser Verstand viele tausend Gedanken, die nicht nur unsere Wahrnehmung beeinflussen, sondern die Welt, die wir sehen, tatsächlich darstellen oder „erschaffen". Unser Verstand enthält viele tausend Glaubenssätze, die alle die Kraft der Entscheidung besitzen, wie wir unsere Welt betrachten. Unsere Glaubenssätze bestehen aus alten Entscheidungen, Mutmaßungen und Werturteilen über die Welt, die uns umgibt, und sie diktieren unsere gegenwärtige Wahrnehmung. Andere Faktoren, die bestimmen, was mit uns geschieht oder welche Erfahrungen wir machen, sind die Geschichten, die wir ständig über unser Leben erzählen. Einige sind dunkle Geschichten, die meisten sind vergessen, doch sie alle werden zu den Drehbüchern, nach denen wir leben.

Außerdem haben wir Verschwörungen angezettelt, um im Verborgenen zu bleiben, hauptsächlich wegen unserer Angst davor, wer wir wirklich sind und was unsere Aufgabe im Leben ist. Verschwörungen sind Fallen, die das Ego so geschickt aufgestellt hat, daß es scheint, als könnten wir uns niemals daraus befreien. Andere Komplikationen, die uns zurückhalten, sind unsere Schwelgereien, Süchte, Idole und falschen Illusionen darüber, daß etwas außerhalb von uns selbst uns Glück bringen kann. Wir tragen Schattenfiguren, negative Selbstkonzepte und Bereiche von Selbstangriff und Selbsthaß in uns. Das alles sind Abwehrstrategien gegen unsere wahre Großherzigkeit und Ganzheit. Es sind falsche Entscheidungen, von denen wir glaubten, sie würden uns Glück bringen. Jedes negative Ereignis in unserem Leben ist eine falsche Entscheidung für etwas, von dem wir glaubten, es würde uns glücklich machen.

Es ist Zeit, daß wir uns unserer Entscheidungen bewußt werden, insbesondere der Entscheidungen, die im Bruchteil einer Sekunde getroffen und dann verdrängt werden. Wenn wir nicht die Verantwortung für unsere Entscheidungen übernehmen, werden wir auch niemals die Verantwortung für unser Leben oder unser Glücklichsein übernehmen. Wir werden glauben, das Leben sei etwas, das uns geschieht. Wenn wir nicht glücklich sind, dann glauben wir, das Glück habe sich uns irgendwie entzogen. Wenn wir nicht die Verantwortung für unser Glücklichsein übernehmen, indem wir stärken, was funktioniert, und heilen, was nicht funktioniert, ist die Chance, daß wir glücklich sein werden, nicht sehr groß. Wenn wir nicht immer in Richtung Glücklichsein gehen, es nicht immer als unser Ziel und unsere Meßlatte betrachten, dann können wir ganz schnell vom Weg des Glücklichseins abkommen. Dann können wir auf unser Leben und unsere Geschichte des Unglücklichseins zurückblicken. Dies sind all die Fehler, die wir gemacht haben, als wir an all den falschen Orten nach dem Glücklichsein gesucht haben.

Es ist Zeit, daß wir uns Tag und Nacht für unser Glücklichsein entscheiden. Es ist Zeit, daß wir uns dem Glücklichsein verpflichten und erkennen, daß es das Wichtigste in unserem Leben ist. Glücklichsein muß uns in das Leben einbeziehen. Glücklichsein ist nicht die fehlgeleitete Vorstellung, daß wir uns jetzt aufopfern und später glücklich sind. Glücklichsein läßt die Dinge ehrlich bleiben. Wenn wir jetzt nicht glücklich sind oder dabei sind, uns zu heilen, um glücklich zu werden, begehen wir einen Fehler. Trotz der schweren Herausforderungen, vor denen wir manchmal stehen, weist die Entscheidung für das Glücklichsein auf den erfolgreichen Ausgang dieser Herausforderungen hin. Die Evolution mißt, welches Maß an Liebe und Glücklichsein wir trotz alledem haben. Wie könnte es auch anders und doch Evolution sein? Wie könnte es anders und doch Liebe, Licht, Spiritualität und das Vermächtnis des Einsseins sein?

Glücklichsein ist eine Entscheidung, auf die wir uns konzentrieren müssen. Nichts anderes wird wirklich funktionieren. Wenn wir Fehler machen, ist es von entscheidender Bedeutung, daß wir aus ihnen lernen, denn sonst werden wir noch mehr leiden. Wenn wir nicht die Verantwortung für unser Glücklichsein übernehmen, sind wir der Gnade einer gnadenlosen Welt ausgeliefert. Wir schauen auf die Welt und erkennen nicht, daß das, was wir sehen, von den Entscheidungen herrührt, die wir getroffen haben und jetzt noch treffen. Dann sind wir für alle Zeiten Opfer und gelangen über diese machtloseste aller Einstellungen im Leben nie hinaus. Wenn wir nicht glauben, daß wir Macht im Hinblick darauf besitzen, wie die Welt ist, dann können wir auch gleich den Ball flach halten und versuchen, uns selbst und alle, die wir lieben, vor den Unwägbarkeiten des Schicksals zu bewahren. Wenn wir versuchen, uns zu verbergen, dann leben wir so, als ob wir in Folie eingeschweißt seien: Wir leben defensiv statt expansiv. Glücklich können wir aber nur dann sein, wenn wir expansiv leben.

Wenn wir nicht glücklich sind, dann ist etwas anderes uns wichtiger geworden als das Glücklichsein. Wir haben uns für etwas entschieden, von dem wir glaubten, es würde uns glücklich machen, und nicht für das Glücklichsein selbst. Wofür wir uns entschieden haben, hat uns nicht glücklich gemacht, obwohl wir glaubten, daß es das tun würde. So viele Dinge, von denen wir glaubten, daß sie uns glücklich machen würden, von denen unser Ego uns eben dies versichert hat, haben einfach nicht funktioniert.

Aus vielen Entscheidungen, die einen unglücklichen Ausgang genommen haben, können wir lernen. Wir können sie korrigieren, damit wir nicht länger dieselben Fehler begehen. Wir können lernen, daß wir die Macht haben, uns unserer Gedanken bewußt zu werden, so daß wir die Entscheidung treffen können, unsere falschen Entscheidungen zu erkennen, sie uns einzugestehen und aus ihnen zu lernen. Wir können lernen, daß wir die Macht besitzen, für uns selbst eine Entscheidung zu treffen und unsere Erfolgsgeschichte im Glücklichsein zu verbessern.

Wenn wir vor herausfordernden Situationen stehen, ist es wichtig, daß wir uns für das Glücklichsein entscheiden und um innere Führung bitten, die uns zum Glücklichsein hinführt, durch die Herausforderungen und Versuchungen hindurch, die uns zurückhalten sollen. Wenn wir bereit sind, uns zu ändern, wird es immer einen Weg geben. Wenn wir unglücklich sind und uns nicht dafür entscheiden, uns zu ändern und die Angst zu heilen, beginnen wir zu sterben. Glücklichsein bringt uns Leben, das wir auf natürliche Weise mit anderen teilen wollen.

Übung

Mache das Glücklichsein zum wichtigsten Kriterium in deinem Leben. Untersuche die Vorkommnisse in deinem Leben unter dem Aspekt, daß sie mehr sind als etwas, das dir einfach „geschehen" ist.

Stelle dir vor, du hättest dich für diese Dinge entschieden. Zu welchem Zweck hätten sie dir gedient? Was wolltest du bekommen, indem du sie hast geschehen lassen? Was konntest du ihretwegen tun? Was brauchtest du nicht zu tun? Wen wolltest du dadurch bezwingen? Was wolltest du beweisen? Welche Ausrede haben sie dir geliefert? Dies sind nur einige der vielen falschen Wünsche und Entscheidungen, die wir treffen, wenn wir glauben, daß etwas anderes als das Glücklichsein selbst uns glücklich machen kann.

Wünsche dir das Glücklichsein von ganzem Herzen. *Wähle Glücklichsein für die Menschen, die du liebst, ganz besonders für die, die dich brauchen. Die Menschen in deiner Umgebung, die unglücklich sind, spiegeln verborgene Bereiche deines Geistes wider, die noch immer im Unglücklichsein gefangen sind. Wenn du für diese Menschen das Glücklichsein wählst, hilfst du euch beiden.*

Entscheide dich jeden Abend, bevor du schlafen gehst, dafür, daß du am nächsten Tag glücklich sein willst. Triff dieselbe Entscheidung noch einmal, wenn du aufwachst. Entscheide dich immer dann für das Glücklichsein, wenn du daran denkst. Entscheide dich dafür, wenn du unglücklich bist. Entscheide dich für das Glücklichsein trotz der Umstände und aus keinem besonderen Grund. Es ist die höchste Wahrheit, und es wird dir das Gefühl geben, zu Hause zu sein, während es dir den Weg nach Hause zeigt.

Weg 8
Emotionen „verbrennen“ als eine Form des Loslassens

Es gibt eine einfache Methode der Heilung, eine einfache Form des Loslassens, der meine Frau Lency, die diese Methode erkannt, benannt und verfeinert hat, den Namen „Verbrennen“ gegeben hat. Es ist eine passende Bezeichnung. Mit einem gewissen Maß an Bereitschaft ist diese Methode einfach und wirkungsvoll. Wir nehmen unsere Gefühle einfach wahr. Während wir unsere Gefühle erfahren, zu denen Schmerz, Schuld, Leere, Schwärze, Leblosigkeit, Taubheit oder blockierte Gefühle gehören, beginnt die Situation sich zu entfalten, in der Regel hin zu noch tieferen und schlimmeren Gefühlen. Wenn wir den Mut aufbringen, nehmen wir diese Gefühle wahr und gehen durch sie hindurch, um schließlich erst zu neutralen und dann zu freudvollen Gefühlen zu gelangen.

Statt zu einer wechselseitigen Abhängigkeit führen unterdrückte Emotionen uns zu Unabhängigkeit und Trennung. Unterdrückte Emotionen werden automatisch zu Streß. Wenn wir Emotionen unterdrücken, wird die Emotion selbst zu verlorener Energie, und wir brauchen *zusätzliche* Energie, um die Emotion unterdrückt zu halten. Dieser Verlust an Energie kann dazu führen, daß wir müde oder depressiv werden und es auch bleiben. Von den Menschen, mit denen ich gearbeitet habe, trug die große Mehrzahl derjenigen, die an einer wirklich schlimmen Krankheit litten, große heimliche Bestände vergrabener Emotionen in sich. Es wird uns nicht umbringen, wenn wir diese Energie freilassen, aber es könnte uns durchaus umbringen, wenn wir es nicht tun.

In unserem Inneren sind diese Emotionen in Schichten angelegt wie Tunnel, die immer tiefer hinabführen, bis wir schließlich über die schmerzlichen Gefühle hinaus zur Freude gelangen. Zu einem späteren Zeitpunkt können wir allerdings über eine weitere Schicht oder einen weiteren Tunnel von Gefühlen stolpern. Es ist wichtig zu wissen, daß das Wahrnehmen oder Erfahren von Emotionen ein Ende hat, daß es nicht für immer und ewig weitergeht. Wenn wir unsere Emotionen verbrennen, hat das außerdem den Vorteil, daß wir, während wir sie verbrennen, uns wieder neu mit unseren Gefühlen verbinden. Wenn wir in tiefere Schichten vordringen, verbinden wir uns nicht nur wieder neu mit unseren Gefühlen, sondern auch mit unserem Körper, unserer Sexualität und unserer Spiritualität. Wenn wir uns dem Fühlen öffnen, öffnen wir uns in gleichem Maße auch dem Empfangen und der Beziehung.

Nach einem Verlust erfahren wir eine Flut von Gefühlen. Es ist eine sehr gute Zeit, um uns wieder mit den schmerzlichen Gefühlen zu verbinden, die wir empfinden. Nimm einfach wahr und grabe nach unten, um zu fühlen, was es dort zu fühlen gibt. Übertreibe die Gefühle und lehne dich in sie hinein, damit du in beschleunigtem Tempo weitergehen kannst. Jedes Gefühl, das nicht ganz und gar freudvoll ist, kann uns voranbringen. Wir müssen nur den Mut aufbringen, unsere Gefühle wahrzunehmen, und dann beginnen wir, Fortschritte zu machen.

Übung

Bringe heute so viel Zeit wie möglich damit zu, deine Gefühle zu erfahren. Du kannst Emotionen verbrennen und fast alles andere gleichzeitig tun. Das Verbrennen von Emotionen kann also ein Hintergrund oder ein Unterton von allem anderen sein, das du tust, wie zum Beispiel essen oder arbeiten. Du kannst dir sogar sagen, daß du auch im Schlaf damit weitermachen wirst. Das Verbrennen von Emotionen ist eine sehr gute elementare Heilmethode. Einige Menschen meinen sogar, daß es die beste Methode sei. Mit ein wenig Bereitschaft und Mut bringt sie alles in Bewegung, und mit zunehmendem Verlauf scheint es eine natürliche Entwicklung hin zu Gnade und Liebe zu geben.

Weg 9
Ziele setzen und vertrauen

Ziele setzen ist eines der Gegenmittel, die das Festhalten erleichtern und befreien. Wenn wir uns Ziele setzen, nimmt das den Druck der Erwartungen oder Forderungen fort, die wir an uns selbst stellen. Außerdem bringt es die Dinge ins Fließen, um uns von dem Ort fortzubringen, an dem wir durch unser Festhalten steckengeblieben sind. Wir setzen uns Ziele im Hinblick darauf, wo wir in einem Jahr, in sechs Monaten, in drei Monaten, in einer Woche oder sogar morgen sein wollen. Wir bewegen uns auf dieses Ziel zu, so gut wir können. Wenn wir feststellen, daß wir unser Ziel verfehlt oder nicht erreicht haben, dann setzen wir unser Ziel einfach neu fest. Wo willst du morgen sein? Was willst du bis dahin fühlen? Wie soll die Welt für dich aussehen? Was sollen andere sehen, wenn sie dich anschauen? Wärst du gern fähig, deinen früheren Partner zu segnen, wenn du an ihn denkst, statt das Messer in deinem Herzen zu spüren? Wenn du deinen früheren Partner segnen kannst, dann bist du gleichfalls gesegnet, und dein Leben wird vorangebracht.

Vertrauen ist eines der Kernprinzipien der Heilung. Es hilft dir sowohl beim Setzen von Zielen als auch beim Loslassen. Vertrauen heißt, daß wir die Kraft unseres Geistes anerkennen. Unser Geist ist so gestaltet, daß er seine Kraft für etwas einsetzen muß, und die Entscheidung, wofür er sie einsetzen soll, liegt bei uns. Vertrauen bedeutet, daß wir unsere Energie bewußt für etwas einsetzen und wissen, daß sie zu unserem Wohl arbeitet, ganz unabhängig davon, wie die Situation im Augenblick scheinbar ist. Die Kraft unseres Geistes kann in Richtung Angst oder Mißtrauen gehen, wenn wir sie in diese Richtung lenken. Sie kann sich jedoch auch in Richtung Vertrauen bewegen, so daß die Situation sich unmittelbar zu unserem Wohl entfaltet.

Wenn wir uns ein Ziel setzen, dann trägt die Kraft unseres Geistes dazu bei, daß wir dieses Ziel mit Leichtigkeit erreichen. Möglicherweise brauchen wir nicht mehr als ein paar Minuten der Konzentration, in denen wir uns die Verwirklichung unseres Ziels vorstellen und unsere Energie dafür einsetzen. Das bedeutet, daß wir es so vor unserem inneren Auge sehen oder erfahren, als ob es bereits erreicht sei. Beim Loslassen hilft das Vertrauen uns auf ähnliche Weise, den Augenblick mit Leichtigkeit zu ertragen, den wir mit leeren Händen dastehen, unmittelbar nachdem wir losgelassen haben. Da die Natur das Vakuum jedoch verabscheut, werden unsere leeren Hände schon bald auf glückliche Weise neu gefüllt. Vertraue dem Loslassen. Vertraue auf das, was als nächstes kommen wird. Wenn wir vertrauen, geschehen positive Dinge. Vertrauen ist keine Naivität, die über die Verleugnung hinwegsieht. Es unterstützt vielmehr die positive Entfaltung aktiv durch die Kraft unseres Herzens und Geistes.

Übung

Setze dir heute Ziele für das nächste Jahr. Unterziehe deine Ziele jeden Tag einer Prüfung, insbesondere das Ziel, das du dir für den jeweiligen Tag gesetzt hast. Erkenne, bis zu welcher Stufe du erfolgreich warst. Setze dann dein Ziel für den nächsten Tag neu, und richte deine Aufmerksamkeit dabei ganz besonders auf das Loslassen. Bringe dein Vertrauen ein, wenn du losläßt oder dir Ziele setzt. Vertraue dir selbst. Vertraue deinem früheren Partner, und vertraue auch allen anderen Menschen, die in deinem Drama eine wichtige Rolle spielen.

Weg 10
Der Unterschied zwischen Liebe und Bedürfnis: Wenn es verletzt, ist es keine Liebe!

Wenn wir an einem gebrochenen Herzen leiden, weil wir einen Menschen verloren haben, dann benutzen wir meist das Maß unseres Leidens als Gradmesser für das Maß unserer Liebe. Doch das ist schlichtweg nicht wahr. Liebe verletzt nicht, Bedürftigkeit hingegen schon.

Wir alle haben Bedürfnisse, zumindest diesseits der Erleuchtung. Die Stufe, auf der wir mit unseren Bedürfnissen umgehen, spiegelt in der Tat die Stufe unserer Reife wider. Unreife Formen des Umgangs mit Bedürfnissen sind Zorn, Verletzung, emotionale Erpressung, Vergeltung, Ausschweifung, Sucht, Klagen, Angriff, Rückzug, Abhängigkeit, Unabhängigkeit, Bevollmächtigung, Getrenntsein, Schmollen, „Vampirismus", Nehmen, Manipulation, Nötigung, Kontrolle, Festhalten, Machtkämpfe, Wettstreit, Leblosigkeit, Wutanfälle und falscher Glanz (das, was Aufmerksamkeit erregt oder uns scheinbar zu etwas Besonderem macht, indem es versucht, mehr zu haben als unsere Mitmenschen, ob in positiver oder negativer Hinsicht). Jeder Verlust, den wir loslassen, trägt zu unserer Reife und Weisheit bei. Der kluge Umgang mit unseren Bedürfnissen – durch Offenheit, Kommunikation und die Fähigkeit, auf andere einzugehen – gibt uns die Möglichkeit, uns weiterzuentwickeln. Unersättlichkeit, Verleugnung oder Verlegenheit dagegen lassen kein Wachstum zu.

Es ist wichtig zu wissen, daß der leidende Aspekt des Verlustes, den du erfährst, nicht wahre Liebe, sondern der bloße Ausdruck deiner Bedürfnisse ist. Dies kann dir sowohl den falschen Glanz des Leidens als auch die Illusion von Liebe ersparen. Sehr häufig ist das, was wir in einer Beziehung als Liebe bezeichnen, nur „Selbsterhöhung". Wenn es verletzt, ist es dein Gefühl der „Selbsterhöhung", dein Gefühl, etwas Besonderes zu sein, das gelitten hat. In Wahrheit kann nur dein Ego leiden. Es ist nicht notwendig, daß du dich so fühlst. Wenn es schmerzt, dann bedeutet das lediglich, daß dein früherer Partner nicht nach dem Drehbuch gelebt hat, das du ihm zugedacht hattest. Er hat Regeln gebrochen, die du in der Beziehung für ihn aufgestellt hattest. Du kannst die Liebe und Verbindung empfangen und erfahren, die vorhanden sind, wenn du deine Bedürfnisse losläßt. Wenn du bedürftig bist, versuchst du zu nehmen, kannst aber nicht empfangen. Wenn du dich verletzt fühlst, weil dein Partner dich scheinbar grundlos von dir fortstößt, dann deshalb, weil du gibst, um zu nehmen. Wenn du nicht versuchst zu nehmen, kannst du nicht fortgestoßen werden, denn Liebe und Ganzheit stellen keine Forderungen.

Übung

Denke heute über deine gegenwärtige Situation nach, und berücksichtige dabei auch das Leiden, das du in deiner Familie und in deinen früheren Beziehungen erfahren hast. Benutze die Vorstellung von „Liebe“ anstelle von „Bedürfnis“, um dir einen Anreiz zu geben, möglichst viel von deinem vergangenen und gegenwärtigen Leid loszulassen. Scheint die Vergangenheit immer noch schlecht oder schmerzlich zu sein, dann liegt der Schmerz nicht nur in der Vergangenheit, sondern wird in der Gegenwart weitergeführt. Du kannst dich ganz leicht und einfach davon befreien, wenn du losläßt, so daß etwas viel Besseres deinen Geist und dein Leben erfüllen kann. Lasse heute deine Bedürfnisse los, damit dein Leben von Liebe erfüllt sein kann.

Weg 11
Liebst du einen anderen Menschen genug, um ihn loszulassen?

Dies ist ein wahrer Test unserer Liebe: Lieben wir einen anderen Menschen genug, um ihn loszulassen? Liebe ist ein sich fortwährend ausdehnender Segen, ein ständiges Wohlwollen, das sich zu dem anderen hin erstreckt, sogar dann, wenn es scheinbar nicht zu unserem Vorteil ist. Liebst du einen anderen Menschen genug, um das Allerbeste für ihn zu wünschen, auch dann, wenn du selbst darin nicht eingeschlossen bist? Oder willst du ihn besitzen, ihn gegen seinen Willen als Geisel festhalten? Es braucht Vertrauen und Mut, um jemanden loszulassen. Dieses Vertrauen und dieser Mut entstehen durch deine Liebe.

Würdest du einem anderen Menschen Vorwürfe machen, weil er den Wunsch hat, woanders zu sein? Jemanden zu kontrollieren bedeutet zuzusehen, wie er sein Feuer und seine Anziehungskraft verliert. Dein einzig möglicher Weg nach vorn besteht darin, ihn loszulassen. Paradoxerweise ist es ihm nur so möglich, zu dir zurückzukehren. Du kannst nicht jemanden loslassen, um ihn zu dir zurückzubringen, denn Loslassen, um jemanden zurückzuholen, ist eine Form des Festhaltens. Es wird einfach nicht funktionieren. Wenn du losläßt, mußt du es mit der Absicht tun, die Wahrheit zu leben, was bedeutet, stets in der Gegenwart zu leben und nicht zu versuchen, vorherzubestimmen, was die Wahrheit ist. Die Möglichkeit, einen geliebten Menschen zurückzuholen, besteht nur dann, wenn du ihn losläßt, aber damit das geschehen kann, mußt du ihn von ganzem Herzen loslassen, so, als wäre er für immer aus deinem Leben gegangen.

Es ist möglich, daß das beste Geschenk, das du deinem früheren Partner zu geben hast, darin besteht, daß du ihn losläßt. Anderenfalls würde deine Verhaftung ihn auf einer energetischen Ebene zurückhalten, während sie ihn paradoxerweise gleichzeitig von dir fortstößt. Mit einfachen Worten gesagt: Du benutzt ihn, um dich selbst zurückzuhalten. Dein früherer Partner wird zu deiner besten Ausrede, nicht weiterzugehen und etwas aus deinem Leben zu machen. Am Ende deines Lebens ist jedoch das daraus geworden, was du daraus gemacht hast, trotz der Herausforderungen. Am Ende deines Lebens werden deine Ausreden keine Rolle mehr spielen.

Welche wunderbaren Dinge diese Beziehung dir in deinem Leben auch geschenkt haben mag, willst du sie jetzt als Falle benutzen? Willst du aus dieser Zeit ein Denkmal für deinen Verlust errichten? Oder willst du diese Zeit benutzen, um die Geschenke und die Liebe zu ehren, die du empfangen hast, solange die Beziehung Bestand hatte? Deine Beziehung ist vorüber. Vielleicht wird es mit diesem Partner ein weiteres Kapitel geben, vielleicht auch nicht. Du mußt aber akzeptieren, daß dieser Teil vorüber ist. Die einzige Möglichkeit, um festzustellen, ob dein früherer Partner in zukünftigen Kapiteln deines Lebens vorkommt, besteht darin, daß du dieses Kapitel losläßt. Ein Kapitel immer und immer wieder zu lesen – so gut es auch gewesen sein mag – hindert dich daran, zum nächsten Kapitel weiterzugehen. Und wenn du per Diktat bestimmst, daß dies das Ende deines Lebensbuches sein soll, dann machst du es zu einem ziemlich kläglichen Ende, ganz gleich, wie gut es vorher gewesen sein mag.

Übung

Schau dir heute einmal genau an, wie sehr du deinen früheren Partner liebst. Wenn du ihn liebst: Gib ihn frei. Wenn nicht, schaue dir an, wie sehr deine Bedürfnisse wollen, daß du ihn und dich selbst in etwas versklavst, das nicht mehr als der Abklatsch einer liebenden Beziehung ist. Heute hast du die Chance, dich entweder für Liebe oder für Neurose zu entscheiden. Liebe wird ihn loslassen. Was wirst du tun?

Weg 12
Glücklich sein oder stur sein

Glücklichsein ist ein Zustand des Geistes, der in Liebe, in unsere Aufgabe, Kreativität, Freude und den Himmel investiert wird. Sturheit ist ein mißtrauischer Geisteszustand, der an Kampf oder Widerstand interessiert ist, bis er seine Angst überwindet oder seinen Willen bekommt. Sturheit ist eine abgemilderte Form des Wutanfalls. Sie stemmt ihre Hacken in den Boden, um für das zu kämpfen, was sie will. Während das Glücklichsein offen ist und die Wahrheit sucht, will die Sturheit einfach nur recht haben, und es ist unmöglich, gleichzeitig stur und glücklich zu sein.

Unsere Rechtschaffenheit ist gewöhnlich eine Kompensation, eine Abwehrhaltung gegen Schuldgefühle, und daher nehmen wir, was unseren Standpunkt betrifft, eine sehr sture Haltung ein. Weil unsere Schuldgefühle schon bei der geringsten Provokation aus ihrem Versteck hervorzukommen drohen, beschuldigen und verurteilen wir andere, oder wir fordern, daß unsere Vorstellung oder unser Ideal der richtige und der einzige Weg ist. Das Glücklichsein will ganz einfach nur den besten Weg herausfinden, und es ist immer glücklich, ganz gleich, wer die richtige Antwort hat. Wenn wir stur sind, identifizieren wir uns mit unserer Position, und wir fühlen uns angegriffen oder bedroht, wenn diese Position in Frage gestellt wird.

Wenn unsere Unnachgiebigkeit sich weiterentwickelt, nimmt unsere Sturheit die Form einer Rolle an oder steckt in einem Aspekt unseres Charakters fest. Zwar kann ein Charakteraspekt, wie hart arbeiten, nach außen hin sehr erfolgreich scheinen, da er aber eine Rolle ist, können wir nie eine Belohnung empfangen oder genießen. Unsere Rollen verbergen Grollgefühle, daß wir als Kind nicht besser umsorgt wurden. Diese wiederum verbergen tiefere Gefühle des Versagens und der Schuld in bezug darauf, daß wir unsere Familie nicht gerettet haben. Die Aufgabe einer Rolle besteht darin, anderen zu zeigen, wie man uns richtig umsorgt hätte. Unsere Rollen sind darauf aus, etwas zu beweisen. Sowohl unsere Sturheit als auch unsere Rollen hindern uns am Empfangen, ganz gleich, wie hart wir auch arbeiten. Entweder blockieren wir das Empfangen jeglicher Belohnung, oder wir geben das, was wir empfangen, im Kampf gegen den Streß aus. Wenn wir Geld oder gute Dinge empfangen, gehen sie ebenso schnell wieder, wie sie gekommen sind, und bieten uns nur wenig Erleichterung oder Erfrischung. So war unser Charakter, den wir aus Rollen gebildet haben, scheinbar erfolgreich, als wir ein Kind waren. Je älter wir jedoch werden, um so unempfänglicher und unauthentischer wird er – hart und schwer wie eine Rüstung.

Rollen führen zu Schwierigkeiten. Wir haben das Gefühl, in einem Trott gefangen zu sein, was schließlich in einem „Burnout" endet. Das Glücklichsein erlaubt uns, durch unser Geben zu empfangen. Es ist ein Nebenprodukt von Geben und Liebe. Es erfrischt uns und erlaubt uns, das freudvolle Gefühl zu genießen. Sturheit hat eine Tagesordnung. Sie will beweisen, daß wir recht haben, damit wir uns nur ja nicht unserem Gefühl stellen müssen, daß wir unrecht haben. Diese Gefühle wiederum verbergen unsere Angst vor der Notwendigkeit, daß wir uns ändern müssen. Sobald wir uns in eine Tagesordnung oder eine Pflicht einbringen, sind Liebe, Glücklichsein und Erfolg nicht mehr die wichtigsten Dinge. Die Pflicht, die wir übernommen haben, nimmt die erste Stelle ein, und das läßt nicht immer genug Zeit für die Liebe oder übersieht das Glücklichsein als zweitrangig gegenüber der Erfüllung der Pflicht. Der Erfolg geht verloren in unserem Wunsch, etwas von unserer Aufgabenliste streichen zu können. Irgendwie glauben wir, daß wir glücklich sein werden, wenn wir diese Aufgabe erledigt haben, während wir ständig beweisen, was unserer Meinung nach richtig ist, und unsere Sturheit und Angst verbergen. Wir müssen das, woran wir wirklich glauben, natürlich nicht beweisen, und Sturheit verbirgt unsere Angst vor dem Weitergehen.

Zuweilen führt diese Sturheit so weit, daß wir zum Opfer werden. Als Teil unserer Beweisführung, daß wir recht haben, werden wir in irgendeiner Weise verletzt. „Siehst du, das beweist, daß du ein schlechter Mensch bist." Oder: „Jetzt weiß ich ganz sicher, daß du mich nicht liebst." Oder: „Siehst du, ich habe dir doch gesagt, daß ich krank bin." Wir glauben, daß wir glücklich sein werden, wenn wir, zumindest unserer Meinung nach, erst einmal unwiderlegbare Beweise für unsere Rechtschaffenheit haben. Unsere Sturheit ist eine Form von Unflexibilität, eine Verhaftung, die loszulassen wir uns weigern, eine übermäßig belastende Loyalität, welche die Wahrheit ignoriert.

Schließlich kann Sturheit auch eine Geisteshaltung des Widerstands sein, die von Angst und einem Konflikt mit Autorität herrührt. Wie jede negative Geisteshaltung führt auch sie uns in Richtung Tod. Weil wir das ernten, was wir säen, wird unser Leben sauer und bitter statt großzügig und froh. Wir haben in die falschen Dinge im Leben investiert, und das hat zu Mangel (siehe Glossar) und Unglücklichsein geführt. Es ist an der Zeit, daß wir unser Leben neu bewerten und unsere schlechten Investitionen aufgeben. Wenn wir auf anmutige Weise zugeben können, wo wir Fehler gemacht haben, und die Verantwortung dafür übernehmen, dann gewinnen wir die Anziehungskraft zurück, die von Ehrlichkeit und der Fähigkeit, auf andere einzugehen, herrührt. Wir lassen den Fluß der Dinge zu, die uns wirklich glücklich machen. Unsere Fähigkeit, auf die Wahrheit, andere Menschen und das Leben einzugehen, erzeugt eine magnetische Anziehungskraft für Liebe, Freundschaft, Erfolg und all die anderen guten Dinge des Lebens. Sturheit dagegen legt unseren Geist still, bringt den Fluß aus Spaß und Chancen zum Stillstand, läßt Partner oder potentielle Partner „abdrehen" und schließt uns vom Erfolg aus. Weil die Sturheit schon alle Antworten kennt, will sie nicht durch Tatsachen verwirrt werden. Die meisten sturen Menschen betrachten sich selbst als willensstark, während andere wohl eher der Meinung sind, sie seien das südliche Ende eines Maultiers, das in nördliche Richtung läuft. Sturheit schließt uns von Gnade, innerer Führung oder Anregungen von außen aus. Sie weigert sich zu fragen, zu untersuchen oder zu forschen, und daher ist sie vom Leben ausgeschlossen.

Übung

Wo hältst du stur an einer Art oder Weise, Dinge zu tun, fest, die dir schadet? Wenn du dir einen Bereich, in dem du keinen Erfolg hast, einmal genau anschaust, wirst du sie finden. Du kannst jetzt die Entscheidung treffen, diese Sturheit loszulassen.

I. Finde einen Bereich, in dem du feststeckst, dich leblos fühlst oder Schwierigkeiten hast. Das ist ein weiterer Bereich, in dem du dich stur weigerst, weiterzugehen, und in dem du an einer überlebten Rolle oder Form von Aufopferung festhältst. Das ist ein Fehler, und du kannst deine Investition in diesen Fehler aufgeben.

II. *Schau dir einen Bereich an, in dem andere Menschen gegen dich kämpfen oder dir Widerstand leisten. Das wird dir genaue Hinweise auf einen Bereich liefern, in dem du immer noch stur festhältst. Du kannst eine andere Entscheidung treffen.*

III. *Überprüfe alle Bereiche, in denen du glaubst, die Menschen hätten unrecht, seien schlecht oder böse, würden in die Hölle kommen oder sollten „hinausgeführt und erschossen werden". Dies zeigt Bereiche von Unflexibilität und Abwehr, offenbart in erster Linie jedoch Gefühle von Schuld oder Versagen. Diese Gefühle sind nicht die Wahrheit, doch das Ego wendet eine List an, damit du steckenbleibst. Du kannst die Wahrheit bitten, dich zu dem Fehler hinzuführen, und ihn korrigieren, um deine Unschuld zurückzugewinnen. Dann wirst du erkennen, daß andere um Hilfe rufen, statt zu glauben, daß sie die Hölle verdienen. Das Glücklichsein weiß, daß du alles, was du anderen wünschst, auch dir selbst wünschst.*

Weg 13
Den ersten Schritt tun

Der erste Schritt im Prozeß des Loslassens kann zuweilen der schwerste sein, doch danach werden die Dinge gewöhnlich leichter. In der Regel wirst du feststellen, daß du eine bestimmte Form des Loslassens bevorzugst. Auch wenn eine allgemeine Methode uns gute Dienste leisten mag, stellen wir möglicherweise fest, daß andere Übungen und Methoden gleichermaßen hilfreich sind. Der Schmerz kommt Schicht um Schicht hervor, und es ist möglich, daß nach einem Intervall des Friedens eine noch größere Schicht von Schmerz zutage tritt. Nach einem Durchbruch, bei dem wir in immer tiefere Schichten des Schmerzes vordringen, scheint die Situation manchmal schlimmer und nicht besser geworden zu sein. Das kann bei Jahrestagen von wirklich großen Verlusten der Fall sein, und daher kann sich sechs Monate, ein Jahr, zwei Jahre, fünf oder zehn Jahre später eine neue Schicht zeigen. Wenn wir in einer schlechten Gemütsverfassung sind, aber nicht erkennen können, wo sie herrührt, können wir unserem inneren Heilungsmechanismus vertrauen, daß er den richtigen Zeitpunkt findet. Wenn wir unsere Intuition fragen, was der Schmerz in unserem Leben mit diesem schlechten Gefühl zu tun hat, werden wir eine Antwort finden. Möglicherweise entdecken wir, daß in jeder neuen Entwicklungsphase, die wir erreichen, eines der schmerzlichen Ereignisse unseres Lebens zutage tritt, um auf unterschiedlichen Ebenen geheilt zu werden.

Häufig treten immer wieder neue Schichten eines Schmerzes zutage, nicht so sehr deshalb, weil es so viel Schmerz gibt, sondern weil der betreffende Mensch Angst vor neuem Leid hat und eher bereit ist, dem Teufel zu vertrauen, den er kennt, als dem, der ihm unbekannt ist. In seiner Angst, zu vertrauen und im Leben voranzugehen, benutzt er diesen „vorgefertigten" Schmerz als Mittel, um sich selbst zurückzuhalten. Es ist wichtig zu erkennen, daß eine solche Weigerung, wenn sie bei uns abläuft, von einer Angst herrührt, im Leben voranzugehen. Kein noch so großes Maß an Therapie oder anderen Methoden scheint zu helfen, denn wir stellen den Schmerz genauso schnell her, wie die Therapie oder der Prozeß des Loslassens ihn zu klären versucht. Dies ist die Zeit, in der wir die verbindliche Entscheidung treffen sollten, den ersten Schritt zu tun. Wenn wir entdecken, daß wir so tun, als ginge es uns schlechter, als es tatsächlich der Fall ist, dann ist es wichtig, daß wir uns Ziele für das Loslassen setzen. An einem sehr schlechten Tag kann das Ziel ruhig sehr klein sein. Jedesmal, wenn wir ein Ziel erreichen, werden wir von neuer Energie erfüllt und einen Schritt vorangebracht.

Übung

I. *Jeder Groll hält dich durch Zorn, Rückzug und unterbewußte Schuld zurück. Und jeder Verlust ist mit Groll verbunden, denn Traurigkeit und Schuld gehen Hand in Hand. Sprich deshalb laut: „Ich vergebe dir (Name der Person) für meinen Groll. Ich werde ihn nicht benutzen, um mich zurückzuhalten.“*
Wiederhole diesen Satz im Hinblick auf deine Grollgefühle gegen eine bestimmte Person immer wieder. Möglicherweise stellst du fest, daß dir andere Menschen in den Sinn kommen, damit du ihnen ebenfalls vergibst: frühere Beziehungen, Eltern, Freunde und so fort. Führe diese Übung auch mit ihnen durch.

II. *Sortiere die Erinnerungsstücke einer Beziehung aus, die nun nicht länger in dein Leben paßt. Es kann wichtig sein, daß du alle Bilder abhängst, auf denen du mit diesem Menschen zu sehen bist, zumindest so lange, bis der Prozeß des Loslassens abgeschlossen ist. Miste deine Handtasche aus, deine Aktentasche, Schubladen, Vorratskammern, Kleiderschrank und so fort. Wenn es dir dadurch leichter fällt, kannst du auch jemanden bitten, dir dabei zu helfen.*

III. *Erstelle eine Liste nicht abgeschlossener Projekte. Lasse die Projekte los, die nicht länger in dein Leben passen. Setze dir neue Ziele für die Projekte, die noch einen Platz in deinem Leben haben.*

Weg 14
„Ja“ zum Leben sagen

Angesichts eines schlimmen Verlustes ist unsere Enttäuschung oft so groß, daß wir uns vom Leben zurückziehen. Das kann sogar so weit gehen, daß wir das „Selbst“ oder die „Persönlichkeit“, die den Befehl über unseren Geist hatte, töten. Wenn das geschieht, ist der Geist so „fruchtbar“, daß ein neues Selbst kommen wird, um den Platz des alten einzunehmen. Doch wir sind dann auch geschwächt und in viel größerem Maße von uns selbst abgeschnitten. Das heißt, unsere Fähigkeit, Erfolg zu haben, Dinge zu empfangen und Vergnügen zu empfinden, ist sehr stark eingeschränkt.

Wenn ein Verlust uns übel mitgespielt hat, beschließen wir, uns zurückzuziehen. Unser Rückzug führt zu einem Verlust an Kontakt und Freude. Wir fühlen uns unwürdig, schuldig und deprimiert. Das Maß unseres Rückzugs wird zum Maß unserer Angst. Auf der anderen Seite jedoch ist die Kraft unserer Zuversicht das Maß, in dem wir wahrhaft verbunden sind. Jeder Schritt nach vorn baut Zuversicht auf. Wenn wir nicht loslassen, hinken wir durch das Leben als ein Schatten unseres früheren Selbst.

Wenn wir „ja“ zum Leben sagen, ist das ein Zeichen unserer Bereitschaft, daß das Leben sich entfalten kann. Es ist eine Einladung, daß der nächste Schritt beginnen kann. Den nächsten Schritt tun heißt weniger, daß wir im wörtlichen Sinn einen Schritt nach vorn tun, als vielmehr, daß wir bereit sind, das Leben in seiner nächsten Phase zu uns kommen zu lassen. Wenn diese Bereitschaft vorhanden ist, scheint das Leben um uns herum sich in bedeutsamer Weise zu verändern, in der Regel innerhalb eines Zeitraums von zwei Wochen. Der nächste Schritt im Leben ist immer besser! Auch wenn wir nicht wissen, worin der nächste Schritt besteht, wird unsere Bereitschaft ihn zu uns bringen.

Übung

In dieser Situation erwartet der Entschluß, eine völlig neue Ebene oder ein ganz neues Kapitel in deinem Leben zu finden, nicht mehr als ein aufrichtiges und von Herzen kommendes „JA" zum nächsten Schritt, eine Bereitschaft deinerseits, auf das Leben und die Liebe zuzugehen anstatt auf den Tod.

Liste die drei wichtigsten Ereignisse in deinem Leben auf, die zu einem gebrochenen Herzen geführt haben. Frage dich intuitiv, auf einer Skala von 1 bis 100, welcher Anteil dieses Problems ungelöst geblieben ist. Der Prozentsatz, den du nicht gelöst hast, spiegelt das Maß an Verlust oder Bedürfnis wider, das noch in dir ist; es ist ein Ort des Rückzugs und des fortgesetzten Schmerzes. Du kannst dich noch einmal entscheiden. Du kannst in diesen Situationen „ja" zum Leben sagen, und indem du das tust, kannst du neue Aspekte in deinem Leben gewinnen, die lediglich auf deine Einladung gewartet haben, um zu dir zu kommen.

Weg 15
Den Mut haben, zuzulassen, daß das Gefühl sich ändert

Ein Verlust ist eine wichtige Chance, um einen Schritt nach vorn zu tun. In einer Situation der Trauer wollen viele Menschen sich nicht verändern oder bewegen, weil sie Angst haben, daß die intensive Liebe, die sie für denjenigen empfinden, den sie verloren haben, sich in irgendeiner Weise ändern könnte. Es ist jedoch wichtig, einige Prinzipien zu erkennen, die uns beim Weitergehen behilflich sein können. Zum einen ist eine sehr tiefe, intensive und leidenschaftliche Liebe zumeist weniger eine Erfahrung der Liebe als vielmehr eine Erfahrung, bei der es um Bedürfnis, Verlangen und Begehren geht. Liebe ist eine sich stetig verströmende und sich fortwährend vertiefende Erfahrung. Zweitens müssen diese intensiven Gefühle sich ändern, wenn es für die Beziehung eine Hoffnung für die Zukunft oder zumindest eine Möglichkeit geben soll, wieder neu Zeit mit diesem Partner zu verbringen.

Sogar die traurigen Gefühle müssen sich so ändern, daß sie unbedingte Klarheit und Erwartung gegenüber dem Leben verströmen, und nicht eine Erwartung gegenüber dem früheren Partner. Möglicherweise stellen wir sogar fest, daß wir weniger der Person dieses früheren Partners verhaftet sind als vielmehr unseren Gefühlen im Hinblick auf diese Person, einschließlich unserer Traurigkeit.

Ich habe mit vielen Klienten gearbeitet, die sich von ihrem Partner getrennt hatten und nun in tiefster Trauer waren. Die Tatsache, daß sie selbst die Trennung herbeigeführt hatten oder daß sie auf Gegenseitigkeit beruhte, schienen sie vergessen zu haben. Einige Wochen nach der Trennung fingen sie plötzlich an, die Geschichte von der Trennung in ihrer Vorstellung zu verändern. Sie fühlten sich von ihrem Partner verlassen.

Auch hier ist ein gewisses Maß an Mut notwendig, damit die Gefühle ihren Zyklus vollenden und schließlich in ein Gefühl des Friedens einmünden können. Wenn Frieden und ein Gefühl der Losgelöstheit erreicht sind (beispielsweise: „Es ist in Ordnung, wenn es funktioniert, und es ist auch in Ordnung, wenn es nicht funktioniert, aber es wäre mir lieber, wenn es funktioniert.“), dann bereitet das Leben sich darauf vor, uns die nächste Lektion in punkto Beziehung zu servieren. Wenn eine neue Beziehung oder das nächste Kapitel in der jetzigen Beziehung beginnt, stellen sich auch Gefühle von Romantik und Intensität auf ganz natürliche Weise neu ein.

Übung

Benutze deine gegenwärtigen Emotionen als Treibstoff für diese Übung. Es spielt keine Rolle, wie positiv, negativ, empfindsam oder leblos sie scheinbar sind. Schaffe ein Kunstwerk, das deine Beziehung symbolisiert. Das kann ein Gedicht, eine Collage, ein Lied, ein Gemälde, eine Geschichte, eine Zeichnung oder ein Tanz sein. Es soll die Form haben, die du ihm gern geben möchtest. Wenn du es fertiggestellt hast und es sich um ein Objekt handelt, dann verbrenne es, und behalte nur ein Photo oder eine Kopie, wenn du das willst. Ist es ein wirkliches Kunstwerk, dann verkaufe oder verschenke es lieber, statt es zu verbrennen. Du kannst diese Übung wiederholen, wenn du dich inspiriert fühlst.

Weg 16
Die Aufgabe und die Dauer der Beziehung

Jede Beziehung hat eine Aufgabe. Ein Teil dieser Aufgabe werden die Lektionen sein, die in der Beziehung gelernt wurden. Die Hauptaufgabe jeder Beziehung besteht darin, glücklich zu sein. Wenn wir in unserer Beziehung nicht glücklich sind, dann wird Heilung zu ihrer Aufgabe. Zwischen uns und unserem Partner werden alle Blockaden zutage treten, die zwischen dem Hier und der vollkommenen Erleuchtung liegen. In dem Maße, in dem unsere Heilung voranschreitet, treten weitere Dinge zutage, die gleichfalls der Heilung bedürfen. In dem Maße, in dem unsere Zuversicht wächst, nehmen unsere Intimität, unser Erfolg und unser Glücklichsein auf natürliche Weise zu, und wir erlangen die Fähigkeit, mit größeren Problemen in stetig wachsender, gemeinsamer Kreativität umzugehen.

Zusätzlich zur Heilung der Blockaden in unserem Geist scheint es eine besondere Aufgabe zu geben, die jede Beziehung erfüllen kann – ihr ganz eigener Beitrag zur Welt. Außerdem scheint in jeder Beziehung die Macht vorhanden zu sein, die Welt zu retten. Beziehungen sind ein Kontinuum von Heilung und Glücklichsein. Die Entwicklung, die in einer Beziehung stattfindet, hilft einer immer größeren Zahl von Menschen und schenkt ihnen Inspiration. Die Heilung, die zwischen zwei Menschen geschieht, und die Liebe, die zwischen ihnen wächst, tragen dazu bei, daß neue Antworten entstehen. Liebe ist einer der besten Zündfunken für Kreativität. Je größer die Fortschritte sind, die wir in unserer eigenen Heilung machen, um so mehr wird uns der Weg zu unserer natürlichen Führerschaft gezeigt.

Jede Beziehung auf dieser irdischen Ebene hat ein Ende. Eine Beziehung kann nur kurze Zeit oder auch ein Leben lang andauern. Lebenslange Beziehungen finden in der Regel dann statt, wenn wir einen geeigneten Partner finden, mit dem zusammen wir eine Lektion nach der anderen lernen können. Dann gibt es noch die Beziehungen, deren Dauer kürzer ist, vielleicht, um eine bestimmte Lektion zu lernen oder um eine bestimmte Zeit gemeinsam zu genießen. Außerdem gibt es noch die anscheinend zufälligen und kurzen Begegnungen, die, auch wenn sie kurzlebig sind, trotzdem eine Aufgabe haben.

Manchmal besteht die Aufgabe einer Beziehung nur darin, uns mit einem Konflikt oder einer verborgenen Blockade in Berührung zu bringen. Zu anderen Zeiten kann eine Beziehung einfach nur den Zweck haben, uns auf eine andere, lebenslange Beziehung vorzubereiten, die noch vor uns liegt.

Übung

Frage deine Intuition, worin die Aufgabe deiner Beziehung bestand, und vertraue dem, was dir gerade in den Sinn kommt.

Wenn dir nichts in den Sinn zu kommen scheint, denke im Laufe des Tages weiter über die Möglichkeiten nach.

Bitte dein höheres Bewußtsein (siehe Glossar) heute darum, dir zu zeigen, worin die Aufgabe deiner Beziehung bestand. Bitte es darum, dir bei der mühelosen Vollendung aller nicht erledigten Aufgaben zu helfen, die von dieser Beziehung herrühren.

Weg 17
Abschied nehmen

Es ist sehr hilfreich, wenn man sich mit einem früheren Partner austauschen und sich von ihm verabschieden kann. Es ist auch sinnvoll, die Beziehung insgesamt in einer Perspektive zum Kontext des eigenen Lebens zu betrachten. Es hilft uns, wenn wir einem Menschen sagen können, was eine Beziehung für uns bedeutet hat, auch wenn uns die Möglichkeit zu dieser Kommunikation durch den Tod oder einen anderen plötzlichen Fortgang manchmal genommen wird. Ich möchte an dieser Stelle noch einmal betonen, daß es nicht empfehlenswert ist, einen Menschen anzurufen, der sich von dir getrennt hat. Du könntest versuchen, ihn unter dem Deckmäntelchen des Loslassens „auszusaugen", wirst aber wegen deiner Leugnung nicht erkennen, warum der Anruf nicht funktioniert hat. Wenn dein ehemaliger Partner keinen Kontakt zu dir aufgenommen hat, ist es am besten, wenn du versuchst, diesen Teil des Loslassens allein zu bewältigen. Vor über 25 Jahren, nachdem eine Freundin ihren geliebten Mann durch Krebs verloren hatte, hatte ich eine Inspiration, die seither sehr vielen Menschen bei diesem Prozeß, die Beziehung abzuschließen, geholfen hat. Wenn du keine Möglichkeit einer direkten Kommunikation mit deinem früheren Partner hast, möchtest du ihm vielleicht einen Brief schreiben oder bei Kerzenschein ein Bad nehmen und laut oder in Gedanken zu ihm sprechen. Vielleicht stellst du fest, daß es dir in einer meditativen Stimmung mit leiser Hintergrundmusik am leichtesten fällt.

Übung

Ganz unabhängig davon, welche Umgebung und welches Medium du gewählt hast, um diese Übung durchzuführen, schreibe deinem ehemaligen Partner oder sage ihm laut oder in Gedanken, was du an ihm geliebt und geschätzt hast. Oft ist es hilfreich, wenn du dir vorstellst oder das Gefühl hast, daß er anwesend ist, während du ihm diese Dinge sagst.

Nun sage ihm, was für dich nicht in Ordnung war, wo du zornig bist, oder wo du dich unvollständig fühlst.

Nun sage ihm, was das Beste an der Beziehung war, oder was das Beste war, das in der Beziehung geschehen ist.

Teile mit ihm den schmerzlichsten Teil der Beziehung und...
... das Lustigste daran.
... das Traurigste oder den größten Verlust, den du erfahren hast.
... die glücklichste Zeit in der Beziehung.
... was er dir gab, was dir noch nie zuvor jemand gegeben hat.
... den schönsten, zärtlichsten Teil der Beziehung für dich.
... den schlimmsten Teil der Beziehung für dich.
... welches Geschenk er in dir inspiriert oder zum Vorschein gebracht hat, von dem du nicht wußtest, daß du es in dir trugst.
... welche Lektion du mit ihm gelernt hast.
... welchen vergangenen Schmerz oder welche alte Angst du durch eure Beziehung heilen konntest.

Stelle dir nun vor, du seiest Autor, Regisseur und Hauptdarsteller in der Beziehung gewesen. Welche Szene in der Beziehung würdest du umschreiben, um sie zu verbessern, und wie würdest du sie umschreiben? Gibt es noch andere Szenen, die du auf diese Weise gerne umschreiben würdest, wenn auch nur auf einer Gefühlsebene?

Welches war der Teil, den du am meisten bedauert oder dessentwegen du dich am schuldigsten gefühlt hast?

Was war das Schwierigste, durch das du deinem Partner hindurchgeholfen hast, und was war das Schwierigste, durch das er dir hindurchgeholfen hat?

Wofür möchtest du ihm danken, und im Hinblick worauf möchtest du Gott für ihn danken?

Weg 18
Das Leben ist, was du daraus machst

In gleicher Weise, wie wir mit bestimmten körperlichen Merkmalen auf die Welt kommen, werden wir auch mit bestimmten Verhaltensmustern geboren, die entweder von unseren Ahnen an uns weitergegeben wurden oder die unsere Seele mitgebracht hat, um bestimmte Lektionen zu lernen. Außerdem werden wir mit bestimmten Geschenken, Begabungen und Bewußtseinsstufen geboren, die unsere Seele in ihrem Rucksack mit sich gebracht hat, um uns zu helfen, mit den Herausforderungen, Lektionen und Fallen umzugehen, denen wir uns stellen und die wir transformieren wollen. Wenn wir unsere Muster heilen, können wir unsere Aufgabe erfüllen, indem wir unsere ganz besonderen Geschenke überreichen, die unter diesen Mustern verborgen waren, um unserer Familie und der Welt zu helfen.

Doch unser Ego hat andere verborgene Tagesordnungen. Mit deren Hilfe will es seine eigene Macht stärken, uns zu etwas Besonderem machen, auf jeden Fall gewinnen und mehr haben als alle anderen – auch wenn das bedeutet, daß wir leiden und scheitern. Oft scheitern wir kläglich oder erleiden unsägliche Schrecken, nur um Aufmerksamkeit zu bekommen oder uns auf irgendeine Weise einen Namen zu machen. Wir müssen uns zwischen unserer Tagesordnung, bei der es um Heilung geht, und der Tagesordnung des Ego, bei der es um seine Erhöhung oder Erniedrigung geht, entscheiden.

Damit wir ein glückliches Leben führen können, müssen wir diese frühen Muster überwinden, und wir müssen erkennen, daß die Pläne des Ego einfach nicht funktionieren werden. Wenn wir nicht das haben, was wir wollen, wenn unser Leben nicht das zu sein scheint, was wir uns wünschen, dann ist es Zeit, daß wir uns der verborgenen Strategien des Ego bewußt werden, die uns am Erfolg hindern, und neue Entscheidungen treffen. Das Ego besteht aus den Prinzipien von „Selbsterhöhung", Trennung, Wettstreit, Angst, Schuld und Autoritätskonflikt. Wir können nur dann Liebe finden und Freude und Glück in unser Leben bringen, wenn es uns gelingt, das Ego zum Schmelzen zu bringen. Das Ego beschwört unsere Angst herauf und behauptet, daß sein Verlust unseren Tod bedeuten wird, doch in Wahrheit stirbt bloß das Ego. Erfolg und Fülle sind nur durch Frieden und Zuversicht zu erreichen, und das ist das Gegenteil von dem, worauf das Ego aufbaut – nämlich Selbstgerechtigkeit, Beherrschung, Abwehr, Uneinigkeit, Aggression, Konflikt und Gewinnsucht. Das Ego redet uns ein, daß wir uns mit unserem Körper als unserem Selbst identifizieren sollen. Das führt dazu, daß wir Angst vor dem Tod bekommen und davor zurückschrecken, unser Leben wirklich zu leben.

Um glücklich zu sein, müssen wir Verantwortung übernehmen. Unser Leben ist, was wir daraus machen, und auch unser Glücklichsein ist das, was wir daraus machen. Wenn wir nicht glücklich sind, liegt es an uns, etwas daran zu ändern. Natürlich können wir weiter jammern, doch das wird nichts ändern. Das Leben konfrontiert jeden von uns mit Herausforderungen, Problemen und Schmerz. Wir alle haben ungelernte Lektionen und alle möglichen Begrenzungen. Doch wir alle sind gekommen, um glücklich zu sein. Es ist die Erfahrung unseres Geistes, der das Licht, die Liebe und das köstliche Glück ist, nach dem wir in Wirklichkeit doch alle suchen. Das Glück in unseren Beziehungen ist nicht mehr als ein Echo dessen, was uns zugänglich ist, wenn wir den Geist in uns allen erfahren.

Es gibt Prinzipien, die zum Glücklichsein führen, die das Ego schmelzen lassen, uns für die Liebe öffnen und uns vor Freude und Glückseligkeit taumeln lassen. Auf der anderen Seite gibt es dunkle Geschichten, die wir erfinden und von denen wir glauben, daß sie uns glücklich machen. Dazu gehören Geschichten, in denen es darum geht, daß wir nicht geliebt werden, und Drehbücher, die von Tragödien, Vergeltung, gebrochenen Herzen, Schuld, Märtyrertum, Wutanfällen, Sichgehenlassen, Boshaftigkeit und vielen anderen Dingen handeln. Unterziehen wir diese Geschichten bewußt einer Prüfung, dann sehen wir, daß sie ganz offensichtliche Fehler sind. Neben diesen dunklen Geschichten gibt es irreführende Leidenschaften und Verschwörungen, mit deren Hilfe wir uns selbst und unsere Lebensaufgabe verbergen. Wir haben Schattenfiguren (siehe Glossar), die wir benutzen, um unsere wahre Güte, unsere Macht und unsere Unschuld zu verbergen, und so lassen wir unsere Bestimmung im Stich und scheitern bei unserer Suche nach dem Glück.

Dabei ist Glücklichsein so einfach. Es ist das Mittel und das Ziel. Es ist, wieviel wir geben und in welchem Maße wir mit anderen teilen. Es ist unsere Entscheidung, ob wir den Herausforderungen entgegentreten, die Lektionen lernen und in unserem Leben nichts Geringeres akzeptieren als die Wahrheit des Glücklichseins. Glücklichsein rührt daher, daß wir offen sind, daß wir bereit sind, uns mit unserem Partner zu verbinden, daß wir Gnade empfangen, daß wir mit unserem Verstand, Herz, Körper und Geist in Kontakt sind, daß wir die Hand ausstrecken, um unsere Geschenke zu geben, daß wir uns anderen, der Wahrheit, dem Leben und Gott hingeben. Glücklichsein rührt daher, daß wir offen sind, die Kraft der Kreativität zu empfangen, wenn sie uns durchströmt, daß wir bereit sind, loszulassen, zu vertrauen und weiterzugehen. Glücklichsein rührt auch daher, daß wir Freude am Lernen haben und die Freiheit besitzen, das wieder zu verlernen, was uns im Schmerz festhält. Es rührt von der Verbundenheit her, die uns Freunde gibt, und von der Wahrheit, die uns in einer Welt voller Lügen einen Sinn gibt.

Glücklichsein besagt, daß wir ernten, was wir säen, nicht nur durch unsere Taten, sondern auch durch unsere Gedanken. Wenn wir positiv und klug investieren, können wir gar nicht anders, als glücklich zu sein. Alles andere offenbart, daß wir unklug in das investieren, was wir denken, glauben, wertschätzen, fühlen und tun. Auch wenn unsere Welt unsere fehlgeleiteten Entscheidungen widerspiegelt, kann all dies geändert werden. Wir können unseren Geist ändern, wir können lernen, wo wir fehlgeleitet sind, und neue Entscheidungen treffen. Statt unsere negativen Emotionen zu verdrängen oder an anderen auszulassen, können wir sie als Hinweis darauf benutzen, daß wir einen Fehler machen. Wir sollten jede schmerzliche Situation benutzen, um die fehlgeleiteten Entscheidungen und falschen Investitionen zu finden, die wir getroffen haben, damit wir sie korrigieren können.

Schuldzuweisungen und Groll gegen andere zeigen unsere verborgene Schuld und mangelnde Bereitschaft, Verantwortung zu übernehmen und uns zu ändern. Wir wollen, daß andere sich ändern, damit wir uns besser fühlen, doch das wird nicht funktionieren. Verantwortung und die Fähigkeit, auf andere einzugehen[3], sind zwei der Prinzipien,

---

3 Anm. der Übersetzerin: Der Verfasser spielt hier mit den Wortformen „responsibility“ und „response ability“, die im Englischen fast gleich ausgesprochen werden. „Responsibility” ist die Verantwortung, und „response ability” ist, wörtlich übersetzt, die Fähigkeit zu antworten, zu reagieren oder auf andere einzugehen.

die für das Glücklichsein notwendig sind. Das Maß für unser Glücklichsein ist die Fülle, mit der wir uns selbst umarmen und lieben, mit der wir unsere Bestimmung und unser Leben umarmen. Wir sollten uns selbst weniger ernst nehmen und auch den Humor im Leben sehen. Das Ego haßt das Lachen – es sei denn, es ist Hohnlachen –, doch wahres Lachen heilt, gleicht aus und vermittelt uns eine wahre Perspektive. Um unser Glücklichsein zu vermehren, müssen wir es mit anderen teilen.

Übung

I. Bewerte dich selbst ehrlich im Hinblick auf folgende Punkte:
- *Wie glücklich bist du?*
- *Welche Entscheidungen würden dir jetzt dabei helfen, glücklicher zu werden?*

II. Untersuche heute eine schmerzliche Situation:
- *Welche fehlgeleiteten Entscheidungen hast du getroffen?*
- *In welche negativen Glaubenssätze hast du investiert?*
- *Welches sind die Werte, die dir nicht dienen?*
- *Welche Selbstkonzepte haben zu dieser Situation geführt?*
- *Welche negativen Geschichten erzählst du mit dieser Situation?*
- *Spielen Verschwörungen (siehe Glossar) eine Rolle, Fallen, die so effektiv sind, daß du dich niemals aus ihnen befreien können sollst? Auf welche Weise dienen sie dir deiner Meinung nach?*
- *Was versuchst du von der Person oder Situation zu bekommen, die dir diesen Schmerz bereitet?*
- *Was fürchtest du dich zu empfangen, das all diese Dinge klären würde?*
- *Welche fehlgeleitete Schuld glaubtest du bezahlen zu können, indem du diese Sache geschehen ließest?*
- *An wem, außer deinem früheren Partner, willst du noch Vergeltung üben, indem du diese Sache geschehen läßt?*
- *Wen willst du bezwingen, indem du diese Sache geschehen läßt, und auf welche Weise?*

- *Was willst du in dieser Situation beweisen? Im Hinblick worauf willst du recht haben?*
- *Lasse alle diese fehlgeleiteten Entscheidungen und Investitionen los.*
- *Welche Entscheidung würdest du nun für dein Glücklichsein treffen?*
- *Welche Entscheidung würdest du nun für dein Leben treffen?*

Weg 19
Dieser Verlust verbirgt einen größeren Verlust

Je größer der gegenwärtige Verlust ist, um so mehr verbirgt er einen älteren, noch tieferen Verlust. Dieser alte Verlust war die Wurzel, die zur Frucht dieses gegenwärtigen Verlustes erblüht ist. Es ist oft sehr schwer, einen Verlust loszulassen, weil er nicht nur ein einzelner Vorfall, sondern ein ganzes Muster ist. Genau aus diesem Grund besitzen wir aber auch die Fähigkeit, das gesamte Muster zu heilen, indem wir auf eine effektive Weise mit dem jetzigen Verlust umgehen.

Bei meiner Therapiearbeit mit dem Unterbewußten hat sich immer wieder gezeigt, daß Traumata in unserem Leben nicht einfach geschehen. Sie haben eine Vorgeschichte. Je größer das gegenwärtige Problem ist, um so größer war außerdem der ursprüngliche Verlust.

Es braucht ein großes Maß an Bewußtheit und Reife, um zu erkennen, daß alles zum Besten geschieht, insbesondere in unserem eigenen Leben, in dem wir nach einem Verlust zuerst einmal zu Gefühlen von Depression, Wertlosigkeit, Angst, Selbstangriff, Versagen, Schuld und Traurigkeit neigen. Dies sind genau die Gefühle, die zum größten Teil bereits in uns vergraben sind und auf eine Gelegenheit warten, endlich transzendiert zu werden. Zu den überraschendsten Dingen, die ich in der Therapie gelernt habe, gehört, daß gegenwärtige Gefühle von Schmerz im Unterbewußten gewöhnlich schon vorhanden waren. Die gegenwärtige Situation war lediglich der Auslöser, um sie zum Vorschein zu bringen. Tatsächlich rührt nur ein sehr geringer Teil der Emotion aus der gegenwärtigen Situation her.

Wenn wir uns dessen, was im Unterbewußtsein geschieht, ganz und gar unbewußt sind, werden wir alle vergangenen und auch gegenwärtigen Gefühle unter dem Schild des gegenwärtigen Verlustes betrauern. Wir brauchen jedoch ein großes Maß an Bewußtheit und Reife, um das zu erkennen. Ein Weg, es zu erkennen, besteht darin, den Prozeß des Loslassens zu vollenden. Dadurch verstehst du auf natürliche Weise, was Vergangenheit und was Gegenwart ist, und die nächste Stufe deines Lebens kann beginnen.

Übung

Denke über deinen gegenwärtigen Verlust nach: Wenn dir nicht schon ein früherer Verlust in den Sinn gekommen ist, frage dich intuitiv, in welchem Alter dieser frühere Verlust geschehen sein könnte. Frage dich, wer anwesend war, als der Verlust geschah. Dann frage dich, was geschehen sein muß, damit du ein solches Verlustmuster erzeugen konntest. Frage dich, was alle an der ursprünglichen Szene Beteiligten gefühlt haben müssen, um sich so zu verhalten, wie sie es taten. In der Regel gibt es ein schmerzliches Kerngefühl, das alle geteilt haben. Es ist dasselbe Gefühl, das nun Teil deines Musters ist. Schaue nun jeden, der an der ursprünglichen Szene beteiligt war, an, und frage dich, wie lange er dieses Muster schon hat, wann es für ihn begann und wie es sich in seinem Leben gezeigt hat – als Schmerz, als Abwehr gegen Schmerz oder beides.

Weg 20
Die Weigerung loszulassen

Wenn wir uns dem Loslassen verweigern, ist das oft ein Hinweis darauf, daß wir an mehr als nur an einem Menschen festhalten. Es kann bedeuten, daß ein Traum oder ein Selbstkonzept zerstört wurde oder daß Verschmelzung oder ein gebrochenes Herz ähnliche Erfahrungen aus der Kindheit widerspiegeln.

Die Weigerung loszulassen bedeutet, daß wir uns krank stellen. Wir benutzen den gegenwärtigen Verlust als Ausrede, damit wir nicht weitergehen müssen. Dieses Muster liegt an der Wurzel unserer Verschwörung gegen unser wahres Selbst, unsere Größe und unsere Lebensaufgabe. Es benutzt unser Opfersein als Ausrede, um in einem bestimmten Bereich, der uns Angst macht, nicht weitergehen zu müssen. Wir sind besorgt, weil wir absolut keine Möglichkeit haben herauszufinden, worin der nächste Schritt besteht oder wie wir ihn bewältigen können. Doch das liegt nicht in unserer Verantwortung. Unsere Verantwortung ist die Bereitschaft. Wenn wir bereit sind, werden wir nach vorn gebracht, unsere Angst wird transzendiert, und der nächste Schritt kommt zu uns. Wir müssen nicht alles ganz allein herausfinden. Das soll uns bloß aufhalten, denn es ist nur eine andere Form von Widerstand und Kontrolle.

Wenn wir bereit sind, wird alles durch uns vollbracht, aber nicht von uns. Alles, was wir selbst zu tun versuchen, tun wir schwerfällig und ohne Gnade. Mit der Haltung „nicht von uns, sondern durch uns" brauchen wir uns nur zu zeigen. Alles, was wir sagen oder tun müssen, wird uns gegeben. Dadurch wird Gnade möglich, und die Kontrolle, die durch Angst, alten Herzensbruch und Autoritätskonflikt erzeugt wurde, wird umgangen. Unser Streben nach Leistung, unser Perfektionismus, unser Gefühl der Unzulänglichkeit, unser Mangel an Vertrauen, der zu Kontrolle und Angst führt, jeder Wettstreit und alle Gefühle des Versagens, die die Leblosigkeit in unserem Leben verbirgt – sie alle werden beantwortet und transzendiert, indem wir die Dinge nicht selbst tun, sondern durch uns geschehen lassen. Je mehr wir versuchen, alles selbst zu tun, desto mehr Streß, Probleme und unnötige harte Arbeit werden erzeugt. Je mehr wir versuchen, die Dinge selbst zu tun, um so mehr Angst haben wir im Hinblick auf die Zukunft, und um so mehr Gefühle von Schuld oder Versagen haben wir im Hinblick auf die Vergangenheit.

Übung

Wenn du dich unglücklich fühlst, ist das immer ein Zeichen dafür, daß du versucht hast, etwas zu tun. Zeiten, in denen du emotionalen Schmerz fühlst, kannst du als eine Chance nutzen, um ein ganzes Muster des „Tuns" loszulassen. So können die Dinge in einer inspirierten Weise geschehen. Sei heute bereit, jeden Bereich zu ändern oder für dich ändern zu lassen, an dem du in deiner letzten Beziehung festgehalten hast.

Erstelle eine Liste der Dinge, die du in deinem Leben zu „tun" versuchst. Punkte auf dieser Liste spiegeln Bereiche von Schuld, Schmerz, Versagen, Angst, Unsicherheit, Mangel, Schwierigkeit und mangelndem Erfolg wider. Das „Tun" blockiert Inspiration, Kreativität, Leichtigkeit, Freiheit und Vision. Sei bereit zu schauen, was das Loslassen dieses „Tuns" bewirkt. Alles kann mit Gnade vollbracht werden – durch dich, nicht von dir.

Weg 21
Festhalten als ein Deckmantel für Angst

Das Festhalten an einem gebrochenen Herzen kann ein Deckmantel für Angst sein. Wenn wir Angst haben weiterzugehen, wenn uns die Zuversicht für den nächsten Schritt fehlt, wenn wir Angst vor Erfolg, Sex, Intimität oder der Ehe haben, dann können wir all das verbergen, indem wir an dem Partner festhalten, den wir gerade verloren haben. Ganz gleich, ob dieser Mensch das Beste war, was uns je geschehen ist, oder ob wir ihm nur kurze Zeit nahe waren – wir neigen dazu, unsere Gefühle im Hinblick auf die Beziehung zu idealisieren. In der Tat kann das Maß an Schmerz, Kummer und Verhaftung, das wir erfahren, eine Überreaktion sein, und die Angst, die sich unter all den anderen Gefühlen verbirgt, ist möglicherweise das stärkste Element, das an unserem Festhalten beteiligt ist. Wenn wir erkennen, daß die Angst vor Veränderung und davor, daß wir die machtvollen Gefühle verlieren könnten, die wir für jemand anderen empfinden, die Schlüsselelemente unseres Festhaltens sind, werden wir uns dessen, womit wir fertigwerden müssen, wenn wir weitergehen, wesentlich deutlicher bewußt. Wenn wir diese Angst, die das zugrunde liegende Problem und der Grund für unser Festhalten ist, nicht bewältigen, werden wir nicht erfolgreich loslassen können.

Die Angst vor Veränderung und davor weiterzugehen ist nicht nur eine beliebige Angst. Sie liegt an der Wurzel jedes Problems, das wir haben. Wenn wir ganz besonders große Angst vor dem Weitergehen haben, weil wir befürchten, daß wir etwas verlieren könnten, daß der nächste Schritt schlimmer sein könnte oder daß man etwas von uns fordern könnte, mit dem wir nicht umgehen können, dann decken wir unsere Angst vor dem Weitergehen mit einer Form des Festhaltens zu. Das kann sogar chronisch werden, wenn wir das wahre Problem so gut verborgen haben, daß wir uns nicht wirklich damit auseinandersetzen. In der gleichen Weise haben wir Angst davor, daß die kraftvollen und intensiven Gefühle, die wir unserem früheren Partner gegenüber empfinden, sich ändern könnten. Wir wollen ihn und dieses Gefühl als zentralen Teil unseres Lebens behalten. Wenn wir weitergehen, wird dieses Gefühl sich ändern. Es wird weit weniger einen Teil des drängenden Vordergrundes, sondern vielmehr einen natürlichen Hintergrund bilden. Wenn wir bereit sind, ganz und gar loszulassen, wird sogar jemand, der weitaus besser zu uns paßt, den Platz desjenigen einnehmen, den wir losgelassen haben. Obwohl kein Zweifel daran besteht, daß wir auf lange Sicht glücklicher sein werden, ist es trotzdem schwer, in die Zukunft zu vertrauen, wenn wir in der Gegenwart tiefe Gefühle erfahren (auch wenn sie nicht authentisch sind). Wenn wir nicht loslassen, behalten wir vielleicht drängende Gefühle im Hinblick auf unsere Träume und Erinnerungen, unseren idealen Partner werden wir jedoch nicht finden, denn unsere abhängigen Gefühle schlagen ihn in die Flucht.

Wenn wir einmal erkannt haben, was uns so große Angst macht, können wir damit beginnen, es loszulassen. Angst hat immer ein Objekt. Wenn wir Angst vor Veränderung und vor der Zukunft haben, bleiben wir in der Vergangenheit stecken, und unser Leben wird niemals funktionieren. Nur unsere Bereitschaft weiterzugehen wird Erfolg haben. Andere Wege, um Angst zu überwinden, sind Liebe, Vertrauen, Entscheidung, die Angst in Gottes Hände legen, Vergebung, unsere Bedürfnisse loslassen, Werturteil, Angriff und Selbstangriff aufgeben. Angst kann auch dann geheilt werden, wenn wir erkennen, daß wir nicht allein sind, daß Gott an unserer Seite geht, wo immer wir hingehen.

Übung

Beurteile heute eine Problemsituation als eine Situation, in der du festhältst. Ist die Verhaftung verborgen oder sichtbar? Wenn sie verborgen ist, dann versuche intuitiv zu entdecken, um was es sich handeln könnte. Erkenne, wenn du dir ihrer bewußt wirst, daß sie nicht erfolgreich war und dich nicht glücklich gemacht hat. Wenn du bereit bist, dann triff die Entscheidung, sie jetzt loszulassen. Wenn du sie losläßt, wirst du paradoxerweise in den Fluß des Lebens geführt und kannst wieder neu empfangen.

Erkenne, daß die Angst vor dem nächsten Schritt in Wahrheit durch Groll erzeugt wird, den du gegen einen Menschen hegst, dem du nicht vergeben hast. Schon während du diese Zeilen liest, wirst du wissen, wer es ist. Vergib ihm, damit du frei sein kannst. Bitte um seinen Segen, während du an ihn denkst. Das wird euch beide befreien.

Angst vor dem nächsten Schritt ist das Resultat von etwas, das du hast und das du in der Vergangenheit nicht erfolgreich bewältigt hast. Deshalb wird dein Versuch, in die Zukunft zu stürmen, erst dann Erfolg haben, wenn du den Anker der Vergangenheit lichtest. In die Zukunft zu stürmen ist ein Weg, deine Angst vor der Zukunft zu verbergen. Es ist eine Kompensation, und es nimmt eine entgegengesetzte Form zum Festhalten an, während sein Verhalten genau das verbirgt. Es hat dieselbe Dynamik wie jemand, der hinter einem Liebespartner herläuft, der ihn seinerseits aus Angst in die Flucht schlägt. Erkenne deine Art des Festhaltens. Neigst du zu Depressionen, stürmst du in die Zukunft, oder kompensierst du deinen Verlust, indem du deinen Gefühlen aus dem Weg gehst und anderen hilfst, oder indem du bedürftig oder aus der Trennung heraus handelst, so als ob du keine Bedürfnisse hättest? Was auch immer deine Methode ist, stelle dir vor, wie du all das in die Hände deines höheren Bewußtseins legst. Indem du das tust, kannst du das „Jetzt" loslassen, um weiterzugehen.

Wir können unsere Angst ganz leicht befreien, wenn wir erkennen, daß wir nicht allein sind, daß Gott an unserer Seite geht. Dann können wir uns allem stellen, und jede Situation wird einladender und weniger mühsam.

Ein anderer Weg, auf dem du weitergehen kannst, nachdem du deine Angst einmal entdeckt hast, besteht darin, sie so lange wahrzunehmen, bis sie dahinschmilzt. Erkenne, daß das Gefühl manchmal stärker wird, wenn du ihm deine Aufmerksamkeit widmest. Wenn du diese Gefühle jedoch verbrennst, bis sich Frieden einstellt, befreist du dich so weit, daß du fähig bist weiterzugehen. Möglicherweise treten noch weitere Schichten zutage, aber du kannst auf dieselbe Weise mit ihnen umgehen.

Auch unsere Bereitschaft weiterzugehen bringt uns voran. Schon ein Mindestmaß an Bereitschaft macht es möglich, daß unser höheres Bewußtsein uns befähigen kann, von neuem weiterzugehen.

Weg 22
Vergebung als eine Form des Loslassens

Vergebung bringt unerledigte Geschäfte zu einem Abschluß. Sie verknüpft lose Enden miteinander und läßt einen Neubeginn zu. Vergebung befreit denjenigen, dem wir vergeben, und auch uns selbst. Sie befreit uns von der Lähmung, die Groll erzeugt. Sie befreit uns auch von der unterbewußten Schuld, die jeder Groll verbirgt und die unser Leben nicht vorankommen läßt. Es gibt praktisch niemanden, gegen den wir nicht einen Groll oder ein Werturteil hegen. Das Maß an Groll, das wir – bewußt oder unterbewußt – hegen, ist das Maß an Schmerz, fehlendem Erfolg und Mangel (siehe Glossar), das es in unserem Leben gibt.

Wenn wir vergeben, stellen wir fest, daß für uns selbst ein neuer Tag erwacht, daß ein neues Kapitel in unserem Leben beginnt. Wenn wir Groll vergeben, befreien wir die Vergangenheit und lassen zu, daß Wunder unser Leben transformieren können. Jedes Gefühl von Groll, das wir vergeben, befreit andere und uns selbst aus dem Gefängnis und dem Schmerz, in dem wir uns befinden.

Es scheint so, daß Vergebung für uns Menschen die am schwierigsten zu lernende Lektion ist. Um Vergebung akzeptieren zu können, müssen wir unsere Selbstgerechtigkeit loslassen. Die Selbstgerechtigkeit läßt unseren Zorn zu und gibt ihm eine Berechtigung, angeblich, um uns selbst zu verteidigen, aber in Wahrheit, um unsere Schuld und unseren Schmerz zu verbergen und uns eine Ausrede zu liefern, damit wir genau das tun können, was wir wollen. Doch unsere selbstgerechten und zornigen Reaktionen lassen nicht zu, daß die verborgene Schuld befreit werden kann, die sich unter jedem Groll verbirgt. Das kann nur die Vergebung bewirken.

Auf der tiefsten Ebene des Unterbewußtseins haben wir mit dem Menschen, gegen den wir den Groll hegen, eine heimliche Absprache. Auf einer bestimmten Ebene liefert sein Verhalten uns genau die Ausrede, die wir gewollt haben. Andererseits bietet es uns eine Möglichkeit des Selbstangriffs, der eine Form der Rebellion und der

Vergeltung an Partnern, Eltern und Gott ist. Es kann zu unserer Heilung beitragen, wenn wir uns dieser heimlichen Verabredung bewußt sind, denn so können wir uns auch unserer verborgenen Tagesordnungen bewußt werden. Dadurch können wir uns den tief vergrabenen Gründen stellen, warum wir unseren eigenen Interessen scheinbar zuwiderhandeln. Wir können die Selbsttäuschung beenden und uns selbst befähigen, indem wir neue Entscheidungen treffen. Manchmal lassen wir es zu, daß wir zum Opfer gemacht werden, weil uns das eine Rechtfertigung gibt, etwas zu tun, was wir schon die ganze Zeit tun wollten, uns anders aber nicht erlaubt hätten. Hat unser Partner zum Beispiel eine Affäre, dann benutzen wir diese Tatsache als Rechtfertigung, um selbst eine Affäre zu haben oder um uns scheiden zu lassen, was wahrscheinlich genau das ist, was wir die ganze Zeit wollten. Wenn wir einmal erkannt haben, warum wir bestimmte Ereignisse gemeinsam erschaffen haben und welches unsere verborgene Tagesordnung dabei war, wird es viel leichter, uns selbst zu vergeben. In dem Maße, in dem wir vergangenen Schmerz ans Tageslicht bringen und loslassen, in dem Maße erkennen wir auch, wie wichtig es ist, alle unsere Konflikte zur Selbsterkenntnis und zur Heilung zu nutzen.

Vergebung bringt Dinge in Ordnung und öffnet die Tür zu einem erfüllten Leben. Sie öffnet uns von neuem dafür, die guten Dinge zu empfangen, die das Leben zu bieten hat. Durch Vergebung erlangen wir unser wahres Selbst zurück, befreit und erfolgreich, und nicht länger in bewußtem Groll und unterbewußter Schuld vergraben.

Unser Groll sperrt uns in eine Welt aus Schmerz und Vergeltung ein. Gefühle von Groll sind nichts anderes unterbewußte Projektionen. Wir beschuldigen andere, das zu tun, was wir tun, auch wenn wir es vor uns selbst leugnen und unser Verhalten zuweilen in scheinbar genauem Gegensatz zu dem Verhalten steht, das wir verurteilen. Vergebung befreit uns von diesem Muster und bringt uns in die Gegenwart zurück. Sie hilft uns, mit unserem Leben klarzukommen, statt eine Vergangenheit zu bekämpfen, die es niemals wirklich gegeben hat, an die wir uns jetzt aber erinnern, weil sie einen bestimmten Zweck erfüllt. Diese Erinnerung ist unsere Ausrede, um unsere Ängste zu verbergen, damit wir uns ihnen nicht stellen müssen, ganz besonders der Angst vor unserer Lebensaufgabe.

Übung

I. *Stelle dir vor, daß der Mensch, gegen den du den Groll hegst, vor dir steht. Schaue nun über seine Fehler, seine Persönlichkeit und seinen Körper hinaus – sieh, fühle und spüre nur das Licht, das der Geist in seinem Inneren ist. Stelle dir vor, wie dein Licht sich mit dem seinen verbindet.*

II. *Gehe zu einem bestimmten schmerzlichen Ereignis in deinem Leben zurück, und wiederhole diese Übung mit den Menschen, die dort anwesend sind. Beginne mit den Menschen, die dir am nächsten stehen, und verbinde dein Licht nacheinander mit allen, bis du bei dem Menschen angekommen bist, bei dem die Trennung am größten ist.*

III. *Bitte dein höheres Bewußtsein darum, die Vergebung für dich zu vollbringen, die dir unmöglich erscheint, und dir den Frieden und das Verstehen zu schenken, die du brauchst, um weitergehen zu können.*

Weg 23
Glücklichsein ist das Loslassen von Groll

Wir mögen glauben, bei Grollgefühlen gehe es darum, daß jemand etwas Falsches tut. In Wahrheit aber fällen wir ein Werturteil über einen anderen Menschen, weil er sich nicht so verhält, daß eines unserer eigenen Bedürfnisse befriedigt wird. Dieses Bedürfnis hat eine Geschichte. Wir haben ein Bedürfnis mit in die Gegenwart gebracht, das in der Vergangenheit nicht erfüllt wurde, und auch einen Konflikt, der auftrat, als das Bedürfnis begann. Würden wir noch tiefer gehen, dann würden wir feststellen, daß es sich bei dem Groll und dem Werturteil, das wir auf diesen Menschen beziehen, in Wirklichkeit um ein altes Werturteil handelt, das wir über uns selbst gefällt haben. Wir haben uns ähnlich verhalten und fühlen uns deshalb schuldig. Alle Grollgefühle, die wir in der Gegenwart empfinden, rühren von der Vergangenheit her. Wir wollen, daß jemand diesen alten Groll wiedergutmacht, ehe wir dazu bereit sind, ihn loszulassen. Natürlich können wir warten, bis wir schwarz werden, wenn wir jemanden – ganz gleich, wen – finden wollen, der uns für diesen alten Groll entschädigt.

Bei Grollgefühlen besteht ein großer Teil des Problems darin, daß wir diesen Groll in Wirklichkeit gegen alle Menschen hegen. Selbst die Menschen, die wir am meisten lieben, müssen für die Trennung, den Rückzug und den Angriff bezahlen. Durch Groll lassen wir andere – und letztlich alle – für unsere Vergangenheit bezahlen.

Zuweilen haben andere Menschen nicht die leiseste Ahnung davon, daß wir gegen sie einen Groll hegen, weil sie sich die größte Mühe geben. Groll läßt uns glauben, es sei die Aufgabe eines anderen, uns glücklich zu machen. In Beziehungen ist dies eine der größten Fallen, die es gibt. Die Strategie, andere dazu bringen zu wollen, daß sie unsere Bedürfnisse aus der Vergangenheit befriedigen, wird ganz einfach nicht funktionieren. Die einzige Ausnahme ist der extrem seltene Fall, daß jemand mit einer ganz neuen Stufe von Liebe und Verständnis auf uns zukommt. Wenn wir einen anderen Menschen mit unseren

Bedürfnissen angreifen – ja, angreifen –, dann ist es nur eine Frage der Zeit, bis wir ihn entweder angreifen, weil er unsere Bedürfnisse nicht erfüllt (Er hat so viel, und ich nicht, und er enthält es mir vor, das ist ungerecht!), oder weil er es tut (Was glaubt er eigentlich, wer er ist, und weshalb tut er so, als sei er etwas viel Besseres als ich?!). Wegen vergangenem Groll betrügen wir uns um unser Glücklichsein in der Gegenwart. Wenn wir tiefer in die Vergangenheit oder in unser Unterbewußtsein hineingingen, dann würden wir herausfinden, daß unser Groll von dem herrührt, was wir glauben, getan zu haben, trotz der großartigen Geschichte, daß es in Wirklichkeit die Schuld anderer Leute war. Statt dessen könnten wir jetzt glücklich sein.

Wenn die Vergangenheit ein Problem wegen Grollgefühlen ist, wird die Zukunft zu einem Problem wegen Angst. Um glücklich zu sein, um uns geliebt zu fühlen, müssen wir die Grollgefühle loslassen, die uns in einer Vergangenheit festhalten, die es – außer in unserem Kopf – nie gegeben hat. In Wahrheit sind diese Grollgefühle eine Methode, um profunde Gefühle von Versagen und Schuld zu verschleiern, die ebenfalls ein Fehler sind. Versagen und Schuld sind Gefühle von Groll, die wir gegen uns selbst richten, und sie sind ebenso fehlgeleitet wie Grollgefühle gegen andere. Diese Stufe des Grolls gegen uns selbst soll unsere wahre Güte und Macht verbergen.

Zudem hält unsere Schuld uns in der Vergangenheit fest und läßt uns Angst vor der Zukunft haben, weil wir glauben, die Zukunft bringe ja doch nur mehr von dem, was wir schon haben. Darum ist es gut für uns, wenn wir unseren Groll loslassen. Wenn wir den Groll loslassen, den wir gegen andere hegen, lassen wir auch den Selbstangriff und den Groll los, den wir gegen uns selbst richten. Wir kommen zum Hier und Jetzt zurück und zu dem Glücklichsein, das im Zentrum des Lebens auf uns wartet. Jetzt haben wir ein rosigeres Bild von unserer Zukunft, und wir spüren ein Gefühl des Friedens im Hinblick auf unsere Vergangenheit. Dadurch öffnet sich die Gegenwart für die Ewigkeit.

Unsere Grollgefühle halten uns in unserer Selbstgerechtigkeit fest und verbergen unsere Schuld. All dies läßt uns verschlossen und besessen bleiben und hält uns in einer Vergangenheit fest, die niemals ganz so stattgefunden hat, wie wir sie empfunden haben. Wenn wahres Verständnis in der Vergangenheit stattfindet, gewinnen wir die verlorene Verbundenheit zurück, und der Schmerz löst sich auf. Unser

Ego benutzt unseren Groll zur Kontrolle, und es macht ihm nichts aus, ein paar Tatsachen zu verdrehen oder eine tief vergrabene Emotion auszulösen, um uns zornig und selbstgerecht zu machen. Es will, daß wir unserer Gegenwart aus dem Weg gehen, denn als ein Ort der Liebe und des Glücklichseins läßt die Gegenwart das Ego schmelzen. Wenn wir in der Vergangenheit oder in der Zukunft leben, bleibt unser Ego stark. Wenn du nicht glücklich bist, lebst du nur in der Vergangenheit. Wenn wir im Hier und Jetzt leben, gibt es weniger Trennung, größere Intimität, und wir haben mehr Erfolg bei den Menschen, die um uns sind. Wir alle haben uns bis zu dem Ort entwickelt, an dem unser Ego stark ist. Nun ist es Zeit, daß wir lernen, es aufzulösen und es durch unser höheres Bewußtsein ersetzen zu lassen. Nur so können wir ganz und gar glücklich sein. Unser Ego ist nicht daran interessiert, ob wir glücklich sind, aber es setzt sich definitiv dafür ein, daß wir recht haben, und das läßt uns steckenbleiben.

Den Groll loszulassen bringt uns voran, über die Selbstgerechtigkeit hinaus und in das Empfangen hinein. Wenn wir die Tagesordnung des Ego, den Frieden zu bekämpfen und den Konflikt aufrechtzuerhalten, erkennen, dann erkennen wir ebenfalls, daß wir die Fähigkeit besitzen, diesen Plan zurückzuweisen und eine neue Entscheidung zu treffen. Wir können anderen und auch uns selbst vergeben, wenn wir die verborgenen oder nicht so verborgenen Elemente der Dinge erkennen, für die wir uns durch unseren Groll gegen andere die Schuld geben.

Unsere Grollgefühle sind Teil der Tagesordnung unseres Ego, durch die es seine eigene Stärke aufrechterhalten will. Es will uns davon überzeugen, daß Grollgefühle uns glücklich machen werden. Wenn wir aber schon einmal länger als fünf Sekunden damit zugebracht haben, über einen Groll nachzudenken, dann wissen wir, wie schlecht sich das anfühlt. Und je länger wir in einem Groll steckenbleiben, um so schlechter fühlen wir uns.

Übung

Es ist von grundlegender Bedeutung, welche Entscheidung wir treffen:

Wollen wir Grollgefühle oder Glücklichsein?

Wollen wir die Gegenwart verpassen, die unsere einzige Chance zum Glücklichsein ist?

Wollen wir vielleicht versuchen, immer wieder eine Neuauflage der Vergangenheit zu erschaffen? Wollen wir in die Zukunft stürmen und versuchen, sie besser zu machen, um so einer unglücklichen Vergangenheit zu entfliehen?

Triff heute die Entscheidung, die Grollgefühle zu erkennen, die dich daran hindern, Glück und Frieden zu empfinden. Achte stets auf den Groll, der sich unter jedem Problem verbirgt. Du kannst kein Problem haben, das nicht durch Groll hervorgerufen worden wäre, der dich in der Vergangenheit einsperrt, statt die Lösung zu finden, die im Hier und Jetzt auf dich wartet.

Wenn du jetzt bereit bist, die Antwort zu bekommen und glücklich zu sein, dann lasse den Groll los.

Wenn du jetzt bereit bist, einen Verbündeten zu gewinnen, statt einen Gegner zu behalten, dann lasse den Groll los und vergib.

Wenn du jetzt bereit bist, die Vergangenheit und die Zukunft aufzugeben und die Gegenwart anzunehmen, dann kannst du dein Glücklichsein und deine Leistungsfähigkeit zurückgewinnen.

Weg 24
Die Weigerung, loszulassen, verbirgt die Angst vor der Angst

Wenn wir uns dem Loslassen verweigern, ist unser Festhalten nichts anderes als eine Maske und eine Abwehrhaltung, um unsere Angst zu verbergen. Dasselbe gilt, wenn wir an einem Trauma und alten Beziehungen aus der Vergangenheit festhalten. Mit den vielen Angelegenheiten, die wir aus der Vergangenheit mitbringen, können wir nicht nur unsere Angst verbergen, sondern auch unsere Angst vor der Angst selbst. Während Angst uns klein macht und uns lähmt, läßt die Angst vor der Angst uns davor zurückscheuen, uns mit dem auseinanderzusetzen, was uns gelähmt hat, wenn wir beginnen, uns mit der anstehenden Angelegenheit zu befassen. Die Angst vor der Angst macht es uns beinahe unmöglich, mit unserer Angst umzugehen, weil wir vor ihr davonlaufen. Das läßt uns nur wenige, unglückliche Entscheidungsmöglichkeiten übrig: Wir können aufgeben, die Hoffnung verlieren oder die Angst mit so viel Verleugnung und Tünche zudecken, daß es so ist, als würde die Angst für uns nicht existieren. Während die Angst vor der Angst uns also immer noch beeinflußt, bleibt sie in einem solchen Maße „kompensiert" (siehe Glossar) und verborgen, daß sie nur durch den Beweis offenbart wird, daß wir uns nicht vorwärts bewegen. Die Alternative besteht darin, daß wir die Wahrheit finden, den Weg hindurch, die Heilung oder das Wunder, das es für jede Problemsituation gibt.

Einige Menschen können nicht erkennen, wie sich das heilende Prinzip des Loslassens vom bloßen Wegwerfen unterscheiden. Wenn wir Angst vor der Angst bekommen, dann ducken wir uns entweder und werden völlig abhängig – indem wir zum Beispiel krank werden –, oder aber wir werfen unsere Beziehung ganz plötzlich fort. Das Wegwerfen ist ein Akt der Abtrennung oder der Sabotage, bei dem wir alles wieder zunichte machen, was wir aufgebaut haben. Die Angst vor der Angst ruft immer wieder neue Angst hervor, die wir entweder benutzen, um unabhängig zu bleiben, oder die uns in solchem Maße handlungsunfähig macht, daß wir Hilfe von außen brauchen. Wenn wir unabhängig sind, glauben wir gewöhnlich, daß es nichts gibt, vor dem wir Angst haben. In Wahrheit trifft jedoch genau das Gegenteil zu, denn oft haben wir Angst vor Gefühlen, Emotionen, Bedürfnissen, Beziehungen, Intimität, uns selbst und unserer Aufgabe im Leben. Die Art und Weise, in der wir leugnen, wovor wir Angst haben, ist ein sicheres Zeichen dafür, daß wir Angst vor der Angst haben. All unser unnachgiebiges Festhalten rührt von unserer Angst her, uns zu ändern oder weiterzugehen. Je länger wir jedoch festhalten, desto mehr bleiben wir stecken, und schließlich bekommen wir Angst vor der Angst selbst. Sie zeigt sich in Form einer stark ausgeprägten Unabhängigkeit, Lähmung, Sturheit oder Unversöhnlichkeit – alles ziemlich gute Gradmesser für die Angst vor der Angst.

In dem Ausmaß, in dem unsere Angst uns tyrannisiert, ärgern wir uns über andere Menschen, die uns scheinbar tyrannisieren, indem sie uns auffordern, zu unserem eigenen Besten loszulassen und weiterzugehen. In Wahrheit projizieren wir jedoch unsere Selbst-Tyrannei auf sie. Wenn wir Angst haben, dann betrachten wir die Angst als real, und wir leben entsprechend. Doch Angst ist eine Illusion, die von verlorener Verbundenheit und dem Quell der Traurigkeit in unserem Inneren herrührt. Sie führt dazu, daß wir denken, wir würden wieder verlieren, und so stemmen wir die Hacken in den Boden und scheuen vor der Zukunft, vor Beziehungen und vor uns selbst zurück. Unsere Verhaftung mag noch so chronisch sein – sie ist nicht mehr als ein Deckmäntelchen für unsere Angst vor dem Weitergehen. Wenn wir unseren Selbstangriff weiterhin aufrechterhalten, kann er sich ganz schnell in eine qualvolle Angst vor der Angst verwandeln. Wenn wir Angst vor unserer Angst bekommen, bekommen wir Angst davor, unseren Geist zu erforschen, mit unseren Ängsten umzugehen und sie als die Illusion zu sehen, die sie sind.

Angst ist eine Illusion, die von falschem Verständnis herrührt, verstärkt durch die Trennung und die falsche Wahrnehmung, die sie erzeugt. Wenn wir uns verbinden und Verbundenheit durch Verständnis, Loslassen, Geben, Empfangen oder Vergeben wieder neu herstellen, dann erkennen wir, daß es ein Mißverständnis gegeben hat, das schnell aus der Welt geschafft werden kann. Da die Angst unter der Verhaftung verborgen ist, werden wir uns auf die falsche Sache konzentrieren, wenn wir Angst vor unserer Angst bekommen, denn unsere Angst schränkt unsere Bewußtheit ein. Je stärker wir uns dazu zwingen wollen loszulassen, desto erfolgloser und verängstigter werden wir. Auf einer Stufe rührt die Angst von Selbstangriff her. Darum ist unsere Angst vor der Angst eine Stufe der Seelenpein und der Selbsttortur. Unsere Angst davor, unter unserer Angst zu leiden, wird so groß, daß wir völlig übersehen, daß wir ja bereits leiden und immer noch schreckliche Angst haben.

Wir müssen unsere Angst vor der Angst überwinden, bevor wir verstehen können, daß Angst das eigentliche Problem ist, und deshalb werden wir nur dann Erfolg haben, wenn wir uns mit ihr als der Hauptursache befassen. Mut wäre kein Mut, wenn wir nicht Angst hätten und uns trotzdem unserer Angst stellten. Wenn wir willens sind, uns nicht länger mit unseren angsterfüllten Gedanken anzugreifen, wird es uns leichter fallen, das Festhalten loszulassen, und wir werden mehr Erfolg darin haben, weil es nicht mehr als ein „Deckmäntelchen" war. Wir leugnen unsere Angst nicht länger, sondern behandeln sie als einen alltäglichen, wenn auch illusionären Teil unseres Lebens. Durch den Mut, uns unserer Angst bewußt zu stellen, werden die Unwilligkeit und die Sturheit geheilt, die von der Angst vor der Angst erzeugt werden.

Übung

Unterziehe dein Leben einer Prüfung. Gibt es in deinem Leben einen Bereich, den du abgeriegelt hast und mit dem du dich entweder ganz oder teilweise nicht befaßt? Das kann Emotionen, Beziehungen, Sex, Erfolg, Geld, berufliche Laufbahn, Familie und viele andere spezielle Angelegenheiten betreffen. An was oder an wem hast du festgehalten? Hast du Angst davor, dich mit deiner Angst vor dem Weitergehen auseinanderzusetzen? Untersuche die größeren Rückschläge aus der Vergangenheit, an denen du immer noch festhältst und die deine Angst vor dem Weitergehen aufrechterhalten. Dazu gehören alle Probleme, Mißerfolge, Verluste oder Todesfälle und alle wichtigen Beziehungen. Denke über die Menschen oder Situationen nach, an denen du festhältst, denn sie liefern dir eine gute Ausrede, um dich nicht deiner Angst stellen und weitergehen zu müssen. Wenn du bereit bist, dich deiner Angst zu stellen, dann gibt es einen einfachen Weg, es jetzt zu tun.

Wenn deine Angst zu groß ist, um dazu bereit zu sein, dann sei zumindest bereit, bereit zu sein. Dein „höheres Bewußtsein" (siehe Glossar) benötigt nicht mehr als ein Fünkchen Bereitschaft deinerseits, um dir beim Weitergehen zu helfen. Für alles andere wird es sorgen. Deshalb ist es das höhere Bewußtsein. Es soll unsere Probleme für uns erledigen.

Wähle einen geeigneten Raum, der groß genug für die Übung ist. Finde nun ein Symbol, etwas, das jeden Menschen oder schmerzlichen Verlust darstellen soll, an dem du festhältst. Lege diese Symbole in einer Reihe quer durch den Raum, ungefähr 60 cm voneinander entfernt. Lege sie in einer Reihenfolge aus, die du selbst bestimmt hast, zum Beispiel chronologisch, nach der Bedeutung, die diese Personen für dich hatten, oder nach dem Ausmaß, in dem du an ihnen festhältst. Schließe jede traumatische Situation ein, die dich möglicherweise immer noch zurückhält. Denke daran, daß Kampf und Groll gegen andere immer nur dazu dienen, auf negative Weise an jemandem festzuhalten. Sie verbergen immer noch deine Angst, und sie sind zu einer Ausrede geworden, um nicht weiterzugehen.

Manche Menschen meinen, daß allein die Suche nach dem perfekten Objekt, das jede Person darstellen soll, bereits hilfreich ist. Andere machen sich gar nicht erst die Mühe, nach Dingen zu suchen, und führen die ganze Übung in ihrer Vorstellung durch. Ganz gleich, ob du die Übung mit Symbolen oder in deinem Geist durchführst oder ob du die Menschen oder Ereignisse, die du loslassen willst, einfach nur visualisierst, lege etwas an das andere Ende der Reihe im Raum, das für dich Vertrauen symbolisiert. Nun stelle dir vor, daß alle diese Verhaftungen zwischen dir und dem Vertrauen stehen und daß das Loslassen dieser Verhaftungen deine Angst vor der Angst heilen wird.

Tritt vor und nimm das erste Objekt in die Hand, oder stelle dir einfach die Person oder Situation vor, an der du festhältst. Wenn du bereit bist, diese Person oder Situation nicht länger zu benutzen, um dich zurückzuhalten, dann stelle dir vor, wie du sie losläßt oder in Gottes Hände legst. Gehe dann zum nächsten Symbol, zur nächsten Person oder Situation weiter. Schaue dir mit deinem inneren Auge deine Verhaftung noch einmal an. Wenn du nicht länger bereit bist, sie zu benutzen, um dich zurückzuhalten, lasse sie los. Sie wird die richtige

Perspektive in deinem Leben erlangen. Lasse jede Verhaftung los, bis du schließlich alles losgelassen hast, was zwischen dir und dem Vertrauen steht. Jede dieser Verhaftungen steht für einen Ort, an dem du Angst davor hattest weiterzugehen. Jedes Loslassen heilt eine Stufe der Angst.

Während du das Vertrauen und sein Symbol umarmst, nimm wahr, wie seine Kraft dich erfüllt und dir den Mut verleiht weiterzugehen.

Weg 25
Dieser Verlust verbirgt einen Ort des Heiligen Feuers

Das Heilige Feuer ist ein Ort im Unbewußten, an dem starker Schmerz zwei große Bruchstellen des Geistes nicht zusammenwachsen läßt. Heiliges Feuer bezieht sich auf den herzzerreißenden Schmerz, der so weh tut, daß wir in Versuchung sind zu sterben. In Wirklichkeit kann dieser Ort großen Schmerzes mit Leichtigkeit zu hohen Stufen von Liebe, Kreativität und Kraft transformiert werden. Wie schon gesagt, rührt jeder größere Verlust zum Teil von einem Herzensbruch oder Verlust aus der Vergangenheit her, der so schwerwiegend und schmerzlich war, daß er uns in die Knie zwingen würde, wenn wir ihn noch einmal durchleben müßten. Diesen Bereich des Geistes nenne ich „Schmerz des Heiligen Feuers“ oder „Reinigung durch das Heilige Feuer“.

Menschen geraten eher in Wut, als zuzulassen, daß sie so viel Schmerz erfahren. Oder es findet das gewöhnliche Täuschungsmanöver statt, bei dem wir versuchen, davor zu fliehen, oder bei dem wir den Menschen angreifen, der uns am nächsten steht. „Wenn ich so sehr leide, muß das seine Schuld sein!“ Letztlich werden diese Abwehrhaltungen nicht funktionieren, und wenn man ihn auf die richtige Weise betrachtet oder richtig mit ihm umgeht, dann signalisiert dieser Schmerz Geburt, nicht Tod.

Nun geschieht es, daß zwei größere Fragmente unseres Geistes, die bei einem vergangenen Trauma zerbrochen sind, wieder zusammenkommen. Aller Schmerz, der sie getrennt gehalten hat, tritt jetzt zutage. Die schrecklichen Emotionen im Schmerz des Heiligen Feuers sind Herzensbruch, Eifersucht, Entsetzen, Zwecklosigkeit, Nutzlosigkeit, Hoffnungslosigkeit, Zorn/Wut/Gewalt, Verzweiflung, Verzagen, Nichts, Leere, Einsamkeit oder das Gefühl, vollkommen verloren und verflucht zu sein. Noch einmal: Der Schmerz des Heiligen Feuers ist am Ausmaß des Schmerzes zu erkennen. Wir haben das Gefühl, auf die Knie gezwungen zu werden. Bewußtheit ist einer der Schlüssel, mit dessen Hilfe wir diesem schrecklichen Schmerz entfliehen können. Sobald wir die einfache und doch profunde Lösung in die Tat umsetzen, wird der Schmerz transformiert. Das Ausmaß des Schmerzes ist so tief, so ablenkend und so allverzehrend, daß wir zuweilen sogar vergessen können, daß wir die Lösung wissen. In Wahrheit ist der Schmerz eine Form der Reinigung, die, wenn sie erfahren wird, die Integration der Teile des Geistes bewirkt, die aufgrund des Traumas zerbrochen sind. Nur die Menschen, die in ihrem emotionalen Reifeprozeß bereits weit fortgeschritten sind, können sich durch diese Stufe der Emotion hindurchfühlen, bis sie zu einer neuen Geburt wird. Die meisten von uns finden einen Weg, sich von dem Schmerz abzuwenden, und so bleiben wir ungeboren, immer noch gebrochen und wieder einmal getrennt zurück.

Wenn wir geben, wird der Schmerz zu einer Geburt des Heiligen Feuers oder einer seiner anderen Formen transformiert. Dies sind Geschenke auf einer hohen Ebene wie Vision, Aufgabe, Kreativität, Kunst, Heilung, Sexualität, Schönheit, wahre Liebe oder bestimmte mediale Fähigkeiten. Sogar schamanische Heilungskräfte oder die Fähigkeit, einige Gesetze von Raum und Zeit zu transzendieren, können wir durch unser Geben erlangen. Von einem Ort des Rückzugs und der Beengtheit können wir eine neue Stufe der Zuversicht, Kraft und Größe erreichen.

Übung

Sobald du erkennst, daß du dich im Schmerz des Heiligen Feuers befindest, mußt du nur geben oder durch deinen Schmerz hindurchgehen, um einem anderen Menschen zu helfen. Es hilft dir vielleicht, wenn du dir einen Ring aus Feuer vorstellst, durch den du hindurchgehst, um jemandem zu helfen. Vielleicht fragst du, wer deine Hilfe braucht, und stellst dir vor, daß er auf der anderen Seite des Feuerkreises steht.

Wärest du bereit, für ihn durch deinen Schmerz hindurchzugehen? Wenn es dieser Mensch ist, der dir erscheint, dann ist er wahrscheinlich in einer noch viel schlimmeren Situation oder erleidet noch viel schlimmeren Schmerz als du selbst, auch wenn dies auf einer offensichtlichen Ebene vielleicht verborgen ist. Wenn dein Wunsch, ihm zu helfen, wichtiger ist als dein Schmerz, dann gehe durch diesen Ring aus Feuer hindurch, um ihm zu helfen. Wenn du durch das Feuer hindurchgegangen bist, umarme ihn einfach, und nimm wahr, wie deine Liebe und Unterstützung in ihn einströmen. In der Regel reicht das aus, um allen Schmerz zu beenden. Wenn du noch Schmerz verspürst, frage noch einmal, und wiederhole die Übung.

Frage dich heute bei jedem Schmerz, den du spürst, wem zu geben du aufgerufen bist, und wie. Möglicherweise ist es ganz einfach das Aussenden liebevoller Gedanken oder Segenswünsche an einen anderen Menschen. Vielleicht sollst du einen Menschen anrufen oder auf andere Weise Kontakt zu ihm aufnehmen. Möglicherweise ist es aber auch ein kreatives Projekt, das für viele Menschen ein Geschenk wäre.

Dein Geben transformiert deinen Schmerz heute zu einer neuen Geburt der Liebe und der Kreativität.

Weg 26
Das Gute loslassen, das Schlechte loslassen

In einer Situation des Loslassens lassen wir zuerst das los, was an der Beziehung schlecht war. Dann erst lassen wir das los, was an der Beziehung gut war. In erster Linie erkennen wir, daß wir an dem festhalten und in dem gefangen sind, was im Hinblick auf die Beziehung schmerzlich war. Wir arbeiten an den Problemen, den schlechten Gefühlen und den Gefühlen von Groll. Nach einer Weile scheinen diese jedoch in ihre Perspektive zu kommen und sind nicht länger so drängend und so schmerzlich wie zuvor. Wir sind durch unseren Schmerz hindurchgegangen und haben das, was uns zurückgehalten hat, irgendwie aufgelöst. Wenn die Beziehung nicht ganz und gar negativ war, dann ist das, was nun zutage tritt, jedoch etwas völlig anderes. Plötzlich stellen wir fest, daß wir über all die guten Dinge in der Beziehung nachdenken. Und in der Regel ist es schwerer und dauert länger, das loszulassen, was wir geliebt haben. Vielleicht liegt der Grund darin, daß wir so an die schlechten Dinge einer Beziehung gewöhnt sind, daß die guten Dinge scheinbar schwieriger zu erreichen sind. In den meisten Beziehungen ist es das Gute, an das man sich am stärksten klammert, noch lange, nachdem der andere Partner gegangen ist. Nach einem Todesfall idealisiert der zurückgebliebene Partner oft den verstorbenen Partner und erhebt ihn beinahe in den Rang eines Heiligen. Manchmal wissen wir schon, welches Stadium im Prozeß des Loslassens wir erreicht haben, wenn wir erkennen, ob wir daran arbeiten, die schlechten oder die guten Dinge einer Beziehung loszulassen.

Es ist aber nicht nur wichtig, das Negative aufzulösen und loszulassen, damit kein Muster entsteht, sondern es ist auch wichtig, das Gute loszulassen, damit es in künftigen Beziehungen wieder neu in Erscheinung treten kann.

Übung

Erstelle zunächst eine Liste aller schlechten Gefühle oder Situationen im Hinblick auf die Beziehung, an der du festhältst.

Erstelle im Hinblick auf deinen früheren Partner dann eine Liste der guten Dinge, an denen du immer noch festhältst.

Um diese Dinge loszulassen, lege sie in die Hände deines „höheren Bewußtseins" (siehe Weg 37). Solltest du einen anderen oder effektiveren Weg gefunden haben, den du lieber anwenden möchtest, um dies zu tun, dann wende ihn an.

Triff die Entscheidung, mit einer neuen und bereitwilligen Offenheit zu vertrauen und weiterzugehen.

Weg 27
Die Lektion einer Beziehung

Jede Beziehung hat eine entscheidende Lektion, die sie vermitteln will. Langfristige Beziehungen können eine ganze Reihe von Lektionen umfassen. Wenn wir die Lektion lernen, gelangen wir auf höhere Stufen von Liebe, Zuversicht, Verstehen, Selbstwert und Weisheit. Wenn wir die Lektion nicht lernen, kann dies zu schmerzlichen Erfahrungen und Gefühlen der Wertlosigkeit führen. Einige Lektionen haben eine so große Kraft, daß ihr Nichtbestehen dem Nichtbestehen einer Prüfung auf einer schamanischen oder einer Meisterschaftsebene gleichkommt, und das führt zu Herzensbruch, niederschmetterndem Versagen, Tragödie oder dem Gefühl, in der Hölle gefangen zu sein.

Jede Lektion, die wir in einer Beziehung lernen wollen, ist eine Lektion der Reife und der Liebe. Eine düstere Lektion wie „dem anderen Geschlecht kann man ohnehin nicht vertrauen" ist in Wahrheit eine ungelernte oder nur teilweise gelernte Lektion.

Die Lektionen, die wir in unseren frühen Beziehungen zu Eltern und Geschwistern oder in unseren späteren Beziehungen nicht lernen, tauchen immer wieder auf, und zwar so lange, bis sie gelernt werden. Wenn wir eine Lektion, vor der wir viele Male gestanden haben, nicht lernen, kann sie sich in eine Prüfung verwandeln. Einige der Prüfungen, die wir in unserem Leben durchmachen, sind nichts anderes als die Lektionen, die chronisch geworden sind, weil sie nicht bearbeitet wurden.

Viele Lektionen, die wir in früheren Beziehungen nicht gelernt haben, können wir im Prozeß des Loslassens vollenden. Wenn wir uns dem Loslassen hingeben, tragen die Lektionen, die endlich vollendet werden, dazu bei, daß wir in der Gegenwart offen und glücklich sein können.

Übung

Welches war die maßgebliche Lektion, die du in dieser Beziehung lernen wolltest? Auf welcher Stufe einer Skala von 100 würdest du sagen, daß du sie gelernt hast?

Welches waren die anderen Lektionen, die du in dieser Beziehung lernen wolltest? Bis zu welchem Maß oder welcher Stufe hast du sie deiner Meinung nach gelernt?

Mit dem Wissen, das du heute besitzt - was hättest du anders gemacht, um diese Lektionen zu lernen?

Welches war das Geschenk (siehe Glossar), das du deinem früheren Partner geben wolltest? Stelle dir vor, daß du dein Herz und deinen Geist auf einer völlig neuen Stufe öffnest, und schaue zu, wie du dieses Geschenk zu ihm hinströmen läßt.

Weg 28
Rollenspiele

Durch Rollenspiele können wir Verständnis erlangen und dadurch die Befreiung von Bedürfnis, Schmerz und Angst. Ein Rollenspiel kann erfolgreich eingesetzt werden, um die Vorteile entstehen zu lassen, die das Weitergehen uns bringt. Du kannst es bei allen Menschen einsetzen, mit denen du noch etwas zu erledigen hast, denn Verstehen bringt die Kraft der Befreiung mit sich.

Zunächst einmal geht es darum, daß du einen Freund oder jemand anderen bittest, dir zu helfen. Das Rollenspiel kann auch am Telefon stattfinden, es ist jedoch effektiver, wenn es auf einer persönlichen Ebene geschieht. Wenn du es nicht mit jemand anderem durchführen möchtest, empfindest du es vielleicht als hilfreich, deine Übung und deine Erfahrungen auf einer Audio- oder Videokassette aufzuzeichnen.

Übung

Der erste Teil beginnt mit einem Prozeß, den du mit geschlossenen Augen allein durchführst. Denke an die Zeit zurück, in der du das allergrößte Mißverständnis mit dem Menschen hattest, um den es jetzt geht. Stelle dir vor, daß du dieser Mensch bist, so, wie er damals war. Versuche zu erfahren, wie es sich anfühlt, seinen Körper zu haben, mit all seinen Empfindungen. Wenn sich das vollständig anfühlt, dann stelle dir vor, wie es sich anfühlt, seine Emotionen zu haben. Was fühlt er? Nimm alle seine Empfindungen wahr. Wenn auch das sich vollständig anfühlt, stelle dir vor, wie es ist, zu denken wie er. Woran denkt er ständig? Nimm diese Empfindung wahr. Nachdem du diese Übung abgeschlossen hast, schreibe alle Erkenntnisse nieder, die du im Hinblick darauf gewonnen hast, wie es war, er zu sein, und warum er sich so verhalten hat, wie er es tat.

Im nächsten Teil dieser Übung wirst du noch einmal zu deinem früheren Partner, und dein Freund oder deine Freundin stellt dir Fragen im Hinblick auf alles, was du am Verhalten oder an den Beweggründen deines ehemaligen Partners nicht verstehst. Diese Übung kannst du auch allein durchführen, wenn du niemanden hast, der dir dabei hilft. Versetze dich zuerst wieder in den Körper deines früheren Partners und versuche, seine Gefühle herzustellen und zu erfahren. Wenn du die Übung allein durchführst, dann stelle dir die Frage, was dazu geführt haben könnte, daß er sich so verhalten hat, wie er es tat. Frage dich, wie lange er diese Gefühle bereits empfand, die er damals fühlte, und wo der Ursprung dieser Gefühle lag.

Bitte nun deinen Freund, die Rolle deines früheren Partners zu übernehmen. Bitte ihn zu hören, zu fühlen, zu sehen und zu empfinden, wie das Leben und die Beziehung als dein Partner für ihn waren. Bitte ihn, intuitiv die Erfahrungen zu erspüren, die dein früherer Partner in der Situation gemacht hat und die dazu geführt haben, daß er sich so verhalten hat, wie er es tat. Der Freund, der dir hilft, soll nicht nur so handeln und reden wie dein früherer Partner; er soll fühlen und beschreiben, was vor sich ging – in der Rolle des früheren Partners. Er soll beschreiben, wie dein früherer Partner sich in dieser Situation gefühlt hat.

Weg 29
Die Wahrheit

Beim Studium der Dynamiken, die den Prinzipien der Heilung zugrunde liegen, habe ich eine Reihe interessanter Aspekte entdeckt. Ein Aspekt war, daß die Dynamiken von Wahrheit, Verbindlichkeit, Freiheit und Leichtigkeit in ihren heilenden Wirkungen praktisch gleich sind. Ein anderer Aspekt war, daß sie alle zur Partnerschaft hinführen. Jesus stellte die natürliche Verbindung zwischen diesen beiden Heilungsprinzipien von Wahrheit und Freiheit fest, als er sagte: „Die Wahrheit wird euch befreien.“ In gleicher Weise besteht eine Verbindung zwischen Wahrheit und Leichtigkeit: Das Ausmaß der Wahrheit ist das Ausmaß der Leichtigkeit, mit der die Dinge geschehen. Wenn wir uns anschauen, was aus einigen unserer Beziehungen geworden ist, dann erkennen wir, daß entweder die Beziehung selbst oder die Art und Weise, in der wir sie gelebt haben, nicht wahr war. Wenn man das Prinzip der Wahrheit betrachtet, ist Schwierigkeit beim Prozeß des Loslassens ganz einfach nicht die Wahrheit. In anderen Worten, Schwierigkeit weist darauf hin, daß du bei dem, was du tust, nicht aufrichtig bist, daß du dich nicht wirklich auf das Loslassen eingelassen hast.

In Wahrheit kann das Loslassen eine der leichtesten Heilmethoden sein, die es gibt: Wir halten einfach nicht länger fest. Wenn das geschieht, führt unser Loslassen zu einem Strom von bittersüßem Schmerz. Unser Herz öffnet sich, und ein überwältigendes Gefühl von Zärtlichkeit und sogar Hoffnung stellt sich ein.

Die Wahrheit in unserem Leben gibt uns ein Gefühl der Richtung und bringt die Dinge in ihre natürliche Perspektive. Festhalten gibt uns Schmerz – oder es gibt uns die Verhaftung, die zukünftiger Schmerz ist. Zudem bringt die Wahrheit uns die Freiheit, die wir vermißt haben. Wahrheit ist nicht einsam, sondern sie ist das, was zur Partnerschaft führt. Sie läßt zu, daß wir uns selbst geben und daß wir von anderen empfangen. Wenn wir eine schmerzliche Trennung durchleben, kann dies ein Zeichen sein, daß wir auf eine bestimmte Weise uns selbst oder unserem Leben gegenüber nicht aufrichtig waren, denn sonst würden wir diese Art von Schmerz nicht erfahren. Emotionaler Schmerz läßt uns in Wirklichkeit nur wissen, daß etwas nicht die höchste Wahrheit ist. Außerdem spricht dieser Schmerz von Selbsttäuschung und von Bereichen, in denen wir unsere Verhaftung irrigerweise für Liebe gehalten haben. Jede Verhaftung ist eine Form der Selbsttäuschung. Sie ist der Gedanke, daß etwas außerhalb von uns selbst uns glücklich machen kann. Die Wahrheit dagegen befreit uns, so wie das Loslassen uns zur Wahrheit hinführt. Schmerz läßt uns lediglich wissen, daß wir immer noch eine Wegstrecke zu gehen haben, daß wir noch eine Lektion zu lernen haben, um die Wahrheit erkennen zu können.

Übung

Bitte heute immer wieder darum, daß dir die Wahrheit geschenkt werden möge. Was ist für dein Leben in diesem Augenblick wahr? Handelst du auf eine wahre Weise?

Unterziehe eine für dich wichtige Beziehung einer Prüfung in bezug auf Unehrlichkeit und Selbsttäuschung. Wenn diese Beziehung unehrlich war oder ist, spiegelt sie in der Regel Bereiche der Selbsttäuschung in dir selbst wider. Lasse alles los, woran du im Hinblick darauf vielleicht noch festhältst.

Meinst du, deine gegenwärtige Situation stellt die Wahrheit für dich dar? Wenn nicht, wie willst du dich ändern?

Bitte heute darum, daß dir die Wahrheit gezeigt werden möge. Lausche nach der Wahrheit. Fühle und spüre, was heute die Wahrheit ist. Wenn du heute um die Wahrheit bittest, kann ihr Überbringer alles mögliche sein, zum Beispiel eine Bemerkung oder der Standpunkt eines anderen Menschen, eine Stelle in einem Buch, eine Fernsehsendung, ein Gedanke, ein Traum oder ein Symbol. Bitte ganz einfach um die Wahrheit, und bitte darum, daß du sie als deine Botschaft erkennst, wenn sie zu dir kommt. Sei dir heute der Wahrheit bewußt, und sie wird dich befreien!

Weg 30
Niemand außer uns selbst kann uns etwas nehmen

Wenn wir uns dem Loslassen verweigern, werden wir deprimiert. Diese Depression kann nur kurze Zeit, aber auch den Rest unseres Lebens andauern. Sie hat eine direkte Auswirkung auf unsere Gesundheit, und sie kann unserem Leben sogar ein Ende setzen. Die Weltgesundheitsorganisation hat kürzlich festgestellt, daß Depressionen das größte Gesundheitsproblem sind, das es auf der Welt gibt. Depressionen entstehen meist dann, wenn es einen großen Verlust gegeben hat, ganz besonders dann, wenn jemand stirbt, den wir lieben. Wenn wir um diesen Verlust trauern, kehren wir schließlich ins Leben zurück. Eine Depression birgt die Angst, daß wir einen weiteren Verlust erleiden werden, wenn wir ins Leben zurückkehren, und darum können wir auch gleich depressiv bleiben. Wenn wir uns dem Prozeß der Trauer und des Loslassens verweigern, kann es geschehen, daß wir den Rest unseres Lebens in einem Wutanfall verbringen, weil wir das Gefühl haben, daß uns etwas genommen wurde, was wir haben wollten.

Es kann uns aber nichts genommen werden, wenn wir uns nicht dafür entschieden haben. Trotz unserer gegenteiligen Proteste haben wir letztlich selbst die Entscheidung getroffen, einen Menschen oder eine Situation aufzugeben. Aus einem bestimmten Grund haben wir einem Menschen keine umfassende Achtung entgegengebracht, wollten etwas beweisen oder wollten an einem Menschen Vergeltung üben, der wichtig für uns ist. Wir haben vielleicht jemanden „zu seinem eigenen Besten" gehen lassen, ungeachtet unserer eigenen Gefühle, oder wir hatten das Gefühl, daß wir „schlecht" für ihn waren oder daß er zu sehr gelitten hat. Dies sind nur einige der zahlreichen Gründe, warum wir uns dafür entscheiden könnten, jemanden gehen zu lassen oder eine Trennung herbeizuführen. Es kann sein, daß wir das Gefühl hatten, des anderen nicht würdig zu sein. Vielleicht haben wir aber auch einer Sache größeren Wert beigemessen als ihm, oder unsere

Aufopferung oder eine andere Form der Schuldentilgung waren wichtiger für uns, als ihn zu behalten. Vielleicht hat auch eine Angst vor tieferer Intimität oder Bindung uns dazu gebracht, ihn gehen zu lassen, oder die Angst, Unabhängigkeit, Kontrolle oder Freiheit zu verlieren. Es kann einer dieser Gründe gewesen sein, oder alle bzw. noch andere.

Wenn wir uns unserer verborgenen Tagesordnungen bewußt werden, werden wir Dinge und Angelegenheiten entdecken, bei denen wir das Gefühl haben, recht haben zu müssen; wir werden Glaubenssätze sehen, deren Wahrheit wir zu beweisen versuchen. Das weist offensichtlich auf einen Konflikt hin, denn der Teil unseres Geistes, mit dem wir uns gegenwärtig am stärksten identifizieren, empfindet Verlust, zuweilen sogar einen Verlust, der so groß ist, daß wir uns weigern weiterzuleben, während der andere Teil in der Tat die Entscheidung getroffen hat, den Partner aufzugeben. Eine Möglichkeit, uns von diesem Gefühl zu befreien, daß das Leben uns zu einem Opfer macht, besteht darin, daß wir uns unserer verborgenen Tagesordnungen bewußt werden, der Seiten in uns, die wir permanent leugnen. Wenn uns bewußt wird, was wir bekommen wollten, indem wir diesen Verlust geschehen ließen, können wir eine andere Entscheidung treffen, oder aber wir können die beiden in Konflikt stehenden Seiten zu einem neuen Ganzen integrieren. Das bringt uns voran.

Wir haben versucht, ein Bedürfnis erfüllt zu bekommen, indem wir eine Situation erzeugt haben, die zu Verlust führt, und der Versuch, ein Bedürfnis erfüllt zu bekommen, setzt sich nun in unserem Festhalten fort. Es können dieselben oder andere Bedürfnisse sein, die in einem Konflikt zueinander stehen, aber wenn wir das Gefühl eines ungelösten Verlustes haben, sind wir in einem Konflikt im Hinblick auf das, was geschehen ist. Die beiden größten Konflikte, die letzten Endes zu Verlustgefühlen in der Kindheit führen, sind das fehlgeleitete Bedürfnis nach Unabhängigkeit und Gefühle von Schuld, weil wir die Aufmerksamkeit eines Elternteils gestohlen haben. Als Erwachsene übertragen wir diese unerlösten Muster in Verlustmuster, die dann als Bedürfnis nach Unabhängigkeit oder als Schuld im Hinblick auf den Sieg in einem Wettstreit, Sex oder Intimität erneut zutage treten.

Hier wird es nun wichtig, daß wir uns unserer Entscheidungen bewußt sind. Wenn wir uns dafür entscheiden, nicht der Selbsttäuschung zu unterliegen und einige unserer Entscheidungen und deren

Beweggründe nicht zu verdrängen, dann können wir beinahe unmittelbar lernen, alle kriegsführenden Teile unseres Geistes und in Konflikt stehenden Wünsche zu integrieren und die Entscheidungen zu korrigieren, die zu nichts anderem als zu Schmerz führen können.

Übung

Auch wenn zumindest ein Teil von dir nicht wollte, daß dieser Verlust geschieht, wollen wir nun einmal so tun, als hätte ein anderer Teil von dir gewollt, daß er geschieht. Wenn du dazu bereit bist, kann es geschehen, daß alle möglichen Dinge zutage treten, die bisher verborgen waren.

Stelle dir nun vor, du hättest gewollt, daß dieser Verlust geschieht:

Warum?

Welche Gedanken hättest du wohl haben können, die dazu geführt hätten, daß du wolltest, daß dies geschieht?

Welches ist der eine Teil dieses Verlustes, von dem du denkst, daß er zum Besseren sei?

Wenn du nun diese Gedanken findest, die du vor dir selbst verborgen hattest, hast du möglicherweise das Gefühl, daß sie gar nicht von dir stammen. Vielleicht hattest du diese Gedanken so gut verborgen oder abgespalten, daß du dir ihrer überhaupt nicht bewußt warst. Wenn du dir deiner verborgenen Entscheidungen bewußt wirst, möchtest du nun vielleicht neue, bewußte Entscheidungen treffen. Das wird dich voranbringen.

Weg 31
Lebensmuster verändern

Wir alle haben Muster in unserem Leben – Muster von Erfolg oder von Versagen. Wir wollen einmal beginnen, diese Muster in unseren Beziehungen zu untersuchen, denn von ihnen kann man auf andere Muster in unserem Leben schließen.

Zunächst einmal können wir uns darauf konzentrieren, wie unser Leben gewesen ist: Was denken oder sagen wir anderen Menschen über unsere Beziehungen? An den Wurzeln unserer traumatischen und oft verdrängten Erfahrungen liegen Muster, die sich wie ein Baum nach oben und außen verzweigen. Hast du dich je gefragt, warum deine Beziehungen scheinbar nie funktionieren? Oder warum es in deinem Sexualleben immer an Feuer fehlt, ganz gleich, wer dein Partner ist? Oder warum du immer verlassen wirst? Oder warum bestimmte Dinge scheinbar immer dir passieren?

Unsere Lebensmuster zeigen uns Aspekte sowohl unseres Bewußtseins als auch unseres Unterbewußtseins. Aber vergiß nicht: Unsere Muster sind aus einem bestimmten Grund da. Sie sollen uns vor unserer Angst schützen, das zu verlieren, was wir haben, vor unserer Angst vor dem Unbekannten. Sie sollen unsere Geschenke und Fähigkeiten blockieren, vor denen wir Angst haben. Sie sollen als Abwehr vor tieferem Schmerz und tieferen Mustern dienen, und schließlich sollen sie unsere Selbstverschwörungen am Leben erhalten. Unsere Selbstverschwörungen sind da, um zu verhindern, daß wir uns selbst und unsere Größe erkennen, und um uns von unserer Lebensaufgabe abzuhalten. Aus all diesen Gründen ist ein sinnloses Muster nicht authentisch. Es kann beseitigt werden. Je mehr Mut du aufbringen kannst, dich dem nächsten Schritt zu stellen, desto leichter wird er sein. Ironischerweise scheinen wir vor den guten Dingen jedoch mehr Angst zu haben als vor den negativen. Es klingt vielleicht seltsam, aber ganz tief innen, unter allem anderen, verbergen sich in vielen von uns tiefsitzende Ängste davor, alles zu haben und glücklich zu sein, obwohl wir – oberflächlich betrachtet – glauben, daß wir genau dies zu erreichen hoffen.

Was unsere Blockaden betrifft (ich bezeichne sie als „die großen Ängste" für den „visionären" Bereich des Geistes), scheint die Angst vor dem Erfolg sogar noch größer zu sein als die Angst vor dem Versagen. In längeren Seminaren, in denen wir bis zu den Kerndynamiken des Lebens vorstoßen, tritt die Angst davor, alles zu haben – oder die Angst vor Gott oder dem Glücklichsein –, als die uranfänglichste aller Ängste überhaupt zutage.

Heute ist ein guter Tag, um die Entscheidung zu treffen, dich von der Vergangenheit und ihren Mustern nicht länger beherrschen zu lassen.

Übung

Erstelle eine Liste der Glaubenssätze und der Muster, die du bei dieser Trennung und/oder in deinen Beziehungen feststellst. Zum Beispiel:

Beziehungen funktionieren nie.
Alle Männer sind ...
Alle Frauen sind ...
Sex ist nur ...
Ich werde immer verlassen.

Für jeden Glaubenssatz, den du nicht länger behalten möchtest, weil er zuläßt, daß ein sinnloses Muster unterstützt wird, sage: „Dieser Glaubenssatz ist nicht die Wahrheit. Dieser Glaubenssatz spiegelt ein Ziel wider, das mich von meiner Lebensaufgabe abhält. Ich entscheide mich jetzt dafür zu glauben, daß ..."

Stelle dir nun vor, du hättest dieses Muster gewollt. Warum willst du es? Welchem Zweck dient es? Wenn du es hast, welcher Sache mußt du dich dann nicht stellen, vor der du sehr große Angst hast? Was beweist es? An wem übt dieses Muster Vergeltung? Vor welchem Geschenk hast du Angst?

Weg 32
Festhalten als Wutanfall

Es gibt eine natürliche Periode der Trauer, die wir alle durchleben, wenn wir einen Menschen oder eine Sache verloren haben. Aber wir können selbst entscheiden, wie kurz oder wie lang diese Zeit sein soll. Wir können selbst entscheiden, wie lange wir trauern wollen. Festhalten ist eine Form von Wutanfall, bei dem wir die Vergangenheit nicht loslassen und mit der Realität nicht so umgehen wollen, wie sie ist.

Was ist ein Wutanfall? Er ist eine Entscheidung, bei der wir uns beschweren, uns zurückziehen, reaktiv sind oder uns selbst verletzen, wenn das Leben nicht so läuft, wie wir uns das bewußt wünschen oder erwarten. Er kann sich in jeder Form von Versagen, Unreife oder mangelndem Erfolg zeigen.

Wenn wir an einem Partner festhalten, der uns verlassen hat, dann sind wir von Ereignissen besessen, die in der Vergangenheit stattgefunden haben, und wir versuchen herauszufinden, wo wir etwas falsch gemacht haben, fürchten uns gleichzeitig aber vor den Antworten. Wir versuchen mit aller Kraft, unsere Freunde davon zu überzeugen, wie gut wir waren, wie schlecht oder unbegreiflich es von unserem früheren Partner war, sich so zu verhalten, wie er es getan hat, und wie sehr wir noch eine Chance verdienen. Wir arbeiten an den vielen Szenarien, die das Ende einer Beziehung annehmen kann. All diese Szenarien haben jedoch eines gemeinsam – den Wunsch, die Zeit umzukehren und alles wieder so zu haben, wie es war, und die Weigerung, die Dinge so zu akzeptieren, wie sie sind. Manchmal akzeptieren wir, daß eine Beziehung endet; wir wollen nur noch ein paar gemeinsame Wochen, bis wir das Gefühl haben, weitergehen zu können. Manchmal sind wir einfach nur wütend darüber, daß unser Partner die Beziehung beendet hat, bevor wir die Chance hatten, es selbst zu tun. Zumindest aber wollen wir eine gewisse Zeit, in der wir die Beziehung immer wieder durchleben, ihre Höhen und Tiefen genießen können, bevor wir bereit sind weiterzugehen.

Diese Art von „Festhalten" ist eine Form von Wutanfall, der sich gegen jemanden richtet, den ein Teil unseres Geistes verlieren wollte, während ein anderer Teil es nicht wollte. Diese Spaltung hat natürlich einen Konflikt hervorgerufen. Jedes Festhalten stellt einen solchen Konflikt dar. Im Vordergrund steht der Teil unseres Geistes, der nun die Beziehung vermißt und sie zurückhaben will. Die Tatsache, daß ein anderer Teil von uns wollte, daß die Beziehung endet, macht es uns nicht leichter, die Beziehung loszulassen oder den Schmerz des Verlustes zu verringern. Dies gelingt nur dann, wenn wir uns des verborgenen Teils vollständig bewußt werden. Wenn wir den Teil, der loslassen wollte, entdecken und mit dem Teil oder den Teilen integrieren, die festhalten, dann gelangen wir auf eine neue Stufe des Vertrauens und der Zuversicht, und wir kommen in unserem Leben ein großes Stück voran.

Von dem Teil unseres Geistes, der wollte, daß die Dinge zu Ende gehen, wollen wir oft nichts wissen, und wir weigern uns, die Möglichkeit, daß es einen solchen Teil geben könnte, überhaupt in Betracht zu ziehen. Vielleicht gibt es verborgene Rechtfertigungen, beispielsweise, daß wir auf einer bestimmten Ebene glauben, wir hätten es zum Besten unseres Partners getan, oder um ihn nicht zu verletzen. Normalerweise bedeutet dies, daß wir das Gefühl haben, in eine andere Richtung gehen zu müssen als er, oder daß wir das Gefühl hatten, er würde uns zurückhalten, oder daß wir geglaubt haben, nicht gleichzeitig ihn und etwas anderes haben oder tun zu können. Das Resultat ist, daß wir auf irrationale Weise darüber verärgert sind, daß uns etwas genommen wurde, auch wenn der Verlust auf unser eigenes Handeln zurückzuführen ist. Dies sind herzzerbrechende Situationen, die sich in Zorn verwandeln können: „Wie kommt das Leben, wie kommt Gott nur dazu, mir etwas wegzunehmen, von dem ich das Gefühl hatte, daß ich damit noch nicht fertig war?" Wie sehr dieser Verlust uns auch scheinbar verletzen oder deprimieren mag – das beweist nicht, wie sehr wir jemanden geliebt haben; es zeigt nur, wie verhaftet wir diesem Menschen waren. Je länger unser Festhalten dauert, desto mehr wird es zu einem Wutanfall. Das Leben wartet auf uns, aber wir weigern uns, am Spiel teilzunehmen. Wir haben unseren Ball genommen und sind nach Hause gegangen, weil das Spiel nicht so lief, wie wir es wollten. Das Leben mag weitergehen, aber nicht mit uns. Wir lehnen uns dagegen auf. Wir sind deprimiert. Wir geben auf. Da habt ihr es!

Es wird uns nur dann möglich sein, im Leben weiterzugehen, wenn wir erkennen, daß unsere Geisteshaltungen und unsere Methoden, mit den Dingen umzugehen, nicht funktionieren werden und daß das Mitleid, das uns zuteil wird, uns weder befriedigen noch glücklich machen wird. Unser Wutanfall wird uns nicht glücklich machen, und das gleiche gilt für das Festhalten. Es wird uns erst dann möglich, im Leben weiterzugehen, wenn wir einmal erkannt haben, daß nichts uns helfen wird, solange wir nicht anfangen loszulassen.

Das letzte, was wir an uns selbst wahrhaben wollen, ist die Tatsache, daß wir einen Wutanfall haben. Er kann alle möglichen Formen annehmen, darunter Herzensbruch, Zorn, Depression, Hysterie, Rückzug, Versagen, Krankheit, sogar Selbstzweifel und noch vieles mehr. Unser Leben wird aber erst dann wieder funktionieren, wenn wir uns selbst gegenüber ehrlich sind. Es gibt drei Methoden, mit denen wir feststellen können, daß wir an einem schwerwiegenden Wutanfall leiden, und diese können anhand unserer Reaktion auf dieses Kapitel beurteilt werden. Was fühlst du, während du dieses Kapitel liest? Zu den drei Reaktionen, die auf einen Wutanfall hindeuten, gehören: Während du dieses Kapitel liest, wirst du immer aufgebrachter. Die zweite Reaktion ist das Leugnen: Du bist absolut sicher, daß das nichts mit dir zu tun hat, und daß du niemals so etwas getan hast. Die letzte Reaktion ist ein Gefühl des Entsetzens oder des Werturteils, daß du oder jemand anderer so etwas getan haben könnte. Dies ist ein sicheres Zeichen dafür, daß wir unter einer Kompensation einen Wutanfall verbergen, obwohl wir das Gefühl haben, daß wir eher sterben würden, als so etwas zu tun.

Übung

Heute steht eine aufrichtige Beurteilung deiner selbst und deines Stils an. Nimm zu den Fragen und deinen Antworten eine spielerische Haltung ein.

Welche Art von Wutanfällen hattest du als Kind?

Welche Art von Wutanfällen hast du als Erwachsener?

Welche Art von Wutanfall hast du jetzt? Ist er mehr Angriff, mehr Rückzug, oder eine Mischung aus beiden?

Fühlst du dich wegen deines Stresses oder wegen anderer Aspekte deiner Situation in deinen Wutanfällen oder deinem Zorn gerechtfertigt?

Funktioniert dein Wutanfall?

Macht er dich glücklich?

Möchtest du eine andere Entscheidung treffen und einen großen Schritt in Richtung Loslassen, Reife und Erfolg gehen?

Durch Wutanfälle erniedrigen wir uns nur selbst. Sie sind vollkommen sinnlos. Wir können in unserem Leben einen großen Schritt vorankommen, wenn wir diese gänzlich unattraktive Eigenschaft aufgeben, die bloß ein Versuch ist, andere und das Leben zu kontrollieren. Triff heute eine neue Entscheidung. Bitte dein höheres Bewußtsein um einen neuen Weg der Reaktion, der dich nach vorn zu einem weiteren Kapitel in deinem Leben führen wird.

Weg 33
Schuld loslassen

Immer wenn wir uns zurückziehen, immer wenn wir einen emotionalen Schmerz spüren, und immer wenn wir uns schlecht fühlen, werden diese Empfindungen begleitet von einem Gefühl der Schuld. Schuld ist grundsätzlich ein schlechtes Gefühl in bezug auf die Vergangenheit. Dieses schlechte „Gefühl" aus der Vergangenheit legt nahe, daß die Zukunft genauso sein wird. So rührt Angst, die versucht, in der Zukunft zu leben, aus der nicht betrauerten Vergangenheit und den unerledigten Geschäften der Vergangenheit her. Schuld ist ein Fehler, der zu einem Denkmal gemacht wurde. Sie nagelt uns in der Vergangenheit fest, statt ihre Lektionen zu lernen und weiterzugehen. Schuld ist eine Falle, die bewirkt, daß wir uns ständig selbst bestrafen. „Mach dir nicht die Mühe, mich zu bestrafen, Gott, das erledige ich schon selbst!" Nachdem wir uns selbst bestraft oder Verlust und Bestrafung erzeugt haben, um unsere Schuld zu bezahlen, fühlen wir uns schlecht und schuldig, weil wir zum Opfer gemacht wurden, und so setzt der Zyklus sich fort. Unter dem Strich ist Schuld eine psychologisch destruktive Falle, die wir benutzen, damit wir uns dem nächsten Schritt nicht stellen müssen. Schuld ist nicht die allerhöchste Wahrheit. Alles, was an der Schuld wahr ist, ist, daß wir sie erfahren und sie Schicht um Schicht in uns begraben haben. Sie verschwindet, sobald wir eine Situation umfassend verstanden haben.

Wenn wir das bedauern, was in unserer Beziehung geschehen ist, und uns deshalb schlecht fühlen, dann halten wir fest. Jedes unerledigte Geschäft in der Beziehung, alle Traurigkeit, aller Zorn und alle anderen Emotionen gehen Hand in Hand mit Schuld. Schuld ist eine Form der Arroganz, ein dunkler Glanz, der unsere Wichtigkeit übertreibt, uns steckenbleiben läßt und die Verantwortung (oder Fähigkeit, auf andere einzugehen[4]) für jedes gemeinsam erschaffene Ereignis leugnet. Angesichts des inneren und äußeren Drucks, dem wir ausgesetzt sind, tun wir alle unser Bestes, aber paradoxerweise sind wir alle

---

4 Anm. der Übersetzerin: Zur Erklärung siehe Fußnote 3 auf Seite 63.

zu Besserem fähig. Wir alle haben große Fehler im Hinblick auf das gemacht, was wir für das Beste hielten. „Zutage fördern“ durch Gefühle ist das, was Schuld letztlich korrigiert, denn es schenkt uns die Möglichkeit einer neuen Stufe des Verstehens, die uns aus dem Teufelskreis von Verlust, Bedürfnis und Angst befreit.

Schuld aus Verlusten der Vergangenheit führt zu Verlusten in der Gegenwart und zu selbstzerstörerischen Mustern. Dies sind die psychologischen Muster, die wir aus der Kindheit mit uns bringen. Uns selbst zu vergeben und die Schuld loszulassen ist ein Weg, um uns aus diesen Mustern zu befreien, die Versagen, Aufopferung und Wertlosigkeit fördern. Unsere Schuld läßt uns zurückgezogen und unattraktiv bleiben, und wir bestrafen alle, die wir lieben, durch unsere Abwesenheit.

Übung

Schildere drei Ereignisse aus der Vergangenheit, derentwegen du dich immer noch schuldig fühlst. Frage dich, auf welche Weise du dich selbst für diese Schuld bestrafst.

Dann frage dich, in welcher Hinsicht du dich in deiner letzter Beziehung schlecht, schuldig oder als Versager fühlst. Frage dich, auf welche Weise du dich selbst für diese Gefühle bestrafst.

Bitte darum, die Wahrheit hinsichtlich deiner eigenen Unschuld und der Unschuld aller anderen Menschen zu sehen. Lasse die Schuld los. Das kannst du ganz allein tun. Bitte dein höheres Bewußtsein darum, alle verbleibende Schuld loszulassen und dir an ihrer Stelle Verstehen und Frieden zu bringen

Weg 34
Das Wesen der Vergeltung

Vergeltung funktioniert nicht. Sie ist ein Versuch, anderen das heimzuzahlen, was sie uns unserer Meinung nach angetan haben. Vergeltung kann ein aktiver Angriff gegen jemand anderen sein, sie kann aber auch darin bestehen, daß wir uns selbst verletzen, um es ihm heimzuzahlen. Tatsächlich enthält jedes Problem – Krankheit, Scheitern oder ein Unfall – auf einer bewußten oder unterbewußten Ebene Kernaspekte von Vergeltung. Aber Vergeltung funktioniert nicht. Wenn wir „zum Schwert greifen", werden wir „durch das Schwert umkommen". Vergeltung mag der Versuch sein, uns gegen die ursprüngliche Verletzung zu wehren oder sie wiedergutzumachen, doch sie befriedigt uns nicht. Die Schadenfreude, die Vergeltung uns bringt, ist nur eine geringe Kompensation für unsere Verletzung, und sie verstärkt das Muster, so daß wir auch weiterhin entweder das Opfer sind oder andere zum Opfer machen.

Sobald wir uns ins Unterbewußtsein begeben, finden wir andere Prinzipien, die das Bedürfnis nach Vergeltung Lügen strafen. Das erste Prinzip lautet: Keiner kann dir etwas antun, das du dir nicht bereits selbst antust. Wenn du also das Gefühl hast, daß jemand dir das Herz bricht, dann warst du bereits selbst dabei, dein eigenes Herz zu brechen. Wenn du das Gefühl hast, daß jemand dich mißbraucht hat, dann warst du bereits selbst dabei, dich zu mißbrauchen. Interessanterweise wird es ganz einfach, eine schmerzliche Situation zu vergeben und loszulassen, wenn dieses unterbewußte Stück in dir selbst geheilt wird.

Vergeltung versteht nicht, worum es geht. Sie sorgt dafür, daß das Leben sich um irgendein Problem dreht und nicht um uns selbst. An diesem Punkt kommen Wachstum, Heilung und Glücklichsein zum Stillstand. Glücklichsein ist die beste Vergeltung, weil sie keine Vergeltung ist. Wenn es Vergeltung gibt, können wir nicht glücklich sein. Das Beste, was wir der Vergeltung abgewinnen können, ist selbstgerechte Schadenfreude. In Wahrheit ist es eine Form von Masochismus, wenn wir uns selbst verletzen, um anderen etwas heimzuzahlen. Vergeltung ist Angst in der Maske von Aggression – Angst, unser Leben zu leben und frei zu sein. Während Glücklichsein das Nebenprodukt von Liebe, Intimität und Verbindung ist, ist Vergeltung eine Form von Angriff, der die Trennung nur verstärkt und dem wahren Problem aus dem Weg geht.

Vergeltung ist eine sehr extreme Form des Festhaltens. Sie ist eine Fortsetzung des Machtkampfs, der überhaupt erst zum Bruch der Beziehung geführt hat. Eine verlorene Beziehung reflektiert für gewöhnlich die Opferform der Vergeltung: „Ich verletze mich selbst, um es dir heimzuzahlen!“ Das basiert eher auf unbefriedigten Bedürfnissen als auf Liebe, und es ist nicht nur eine Vergeltung an unserem früheren Partner, sondern sehr wahrscheinlich auch an einem oder an beiden Elternteilen dafür, daß sie uns nicht mehr geliebt haben, und natürlich an Gott.

Psychologisch gesehen spiegelt jeder zwischenmenschliche Konflikt den Konflikt in unserem eigenen Geist wider. Vergeltung ist die ultimative Manifestation, bei der wir uns „die Nase abschneiden, um unserem Gesicht eins auszuwischen“.[5]

Übung

Deine Vergeltung bringt dir nicht das, was du dir erhofft hast, genauso wie deine Beziehung dir nicht das gegeben hat, was du wolltest, denn sonst hättest du sie nicht verloren, trotz deiner bewußten Proteste, die das Gegenteil behaupten. Wenn du Schmerz empfindest, übst du Vergeltung. Wenn nicht, empfindest du einfach nur einen bittersüßen Schmerz, während du alle Gefühle wahrnimmst und losläßt, die nicht glücklich sind.

5 Anm. der Übersetzerin: Dies ist die wörtliche Übersetzung der schönen amerikanischen Redewendung: „We are cutting off our nose to spite our face“. Im Deutschen würde man wohl sagen: „Wir schneiden uns ins eigene Fleisch, um jemand anderem eins auszuwischen.“

Sei heute bereit, deine Vergeltung und dein unbedingtes Bedürfnis nach Vergeltung loszulassen, und erkenne, daß Vergeltung vielleicht das erreicht, was du zu wollen glaubst, daß es ihr aber niemals gelingen wird, deine Verletzung und deinen Verlust von dir zu nehmen oder dich glücklich zu machen.

Wenn du deine Vergeltung im Hinblick auf Herzensbruch und Verlust losläßt, wirst du feststellen, daß ein Geschenk auf dich wartet. In diesem Bereich ist es zumeist das Geschenk wahrer Liebe.

Weg 35
Du hast ein Geschenk, das du geben willst

Wenn du trauerst oder dich noch an ein Problem aus einer Beziehung erinnern kannst, dann gibt es in dieser Beziehung etwas, das noch nicht erledigt ist. Ein schneller Weg, um diese Beziehung abzuschließen oder in der Beziehung auf eine ganz neue Stufe oder zu einer Phase des Loslassens zu gelangen, besteht darin, daß du das Geschenk überreichst, das du geben wolltest, um deinen Partner von Schmerz und aus Fallen zu befreien.

Ich möchte an dieser Stelle noch einmal betonen, daß das Geben von Geschenken keine offene Einladung ist, deinen ehemaligen Partner anzurufen oder ihm zu schreiben. Wenn du erfolgreich losgelassen hast, kannst du zuversichtlich sein, daß er sich mit dir in Verbindung setzen wird. Letztlich ist es Selbsttäuschung, wenn du Kontakt zu deinem früheren Partner aufnimmst, auch wenn deine Gründe dafür – oberflächlich betrachtet – scheinbar selbstlos sind. Wenn du die Beziehung nicht wirklich losgelassen hast, wirst du „geben“, um zu „nehmen“, und das führt dazu, daß dein früherer Partner zunehmend unabhängig wird. Der einfachste Weg, um eine Beziehung abzuschließen, ist das Geben von Geschenken, denn dadurch wird alles eingebunden, was unerledigt geblieben ist. Wenn deine Beziehung abgeschlossen ist, wird es für dich keine Rolle mehr spielen, ob dein früherer Partner mit dir Kontakt aufnimmt oder nicht.

Wenn dein Schmerz sich um eine Beziehung zu einer Person dreht, die gestorben ist, dann kannst du das Geschenk trotzdem anbieten und sie von diesem Problemmuster befreien. Wenn dein Problem deine Eltern oder Menschen aus der Vergangenheit betrifft, verändert sich die ganze Situation – zuweilen vollständig, zuweilen Schicht um Schicht, wenn neue Geschenke gegeben werden –, wenn du dir die Problemsituationen nochmals vorstellst und die Geschenke überreichst, die du zu geben hast, um sie zu befreien und zu erlösen. Wenn du deine Geschenke überreicht hast, kannst du die Geschenke empfangen, die sie für dich haben, und du kannst auch die Geschenke empfangen, die der Himmel dir durch sie geben möchte. Das bewirkt, daß deine Wahrnehmung des Ereignisses und deine Geschichte hinsichtlich dessen, was geschehen ist, verändert werden. Dadurch wirst du von Schmerz, Verlust und Schuld befreit. Wir können Geschenke in gegenwärtigen Situationen übergeben, und wir können zu den negativen Szenen zurückkehren, die wir aus der Vergangenheit mit uns herumschleppen. Das wird unsere gesamte Wahrnehmung hinsichtlich der Vergangenheit ändern und uns ein neues, erfolgreicheres Drehbuch und einen zuversichtlicheren Ausblick auf die Zukunft geben.

Übung

Denke an deine jetzige oder deine letzte Beziehung. Denke an deine Eltern und an alle wichtigen Beziehungen, die du hattest, insbesondere an die, in denen du das Gefühl hattest, zum Opfer gemacht zu werden. Stelle dir die Frage: Welches Geschenk war es, das du ihnen geben wolltest, um ihnen zu helfen, ja, um sie sogar zu retten? Welches war die Lektion, die sie mit deiner Hilfe lernen sollten? Welches Versprechen war es, das du ihnen gegeben hattest und das sie vor sich selbst retten würde?

Die Antworten, die dir in den Sinn kommen, offenbaren Geschenke, von denen du glaubst, daß du sie nicht gegeben hast. Doch diese Geschenke trägst du in dir, hinter den Türen in deinem Geist. Sie warten darauf, daß du sie erkennst, daß du die Türen öffnest, das Geschenk akzeptierst und es mit anderen teilst.

Stelle dir vor, wie du zu diesen Türen in deinem Geist gehst, sie öffnest und das Geschenk umarmst. Stelle dir nun vor, wie du zu diesem Menschen hingehst und ihm das Geschenk oder die Geschenke überreichst, von Herz zu Herz und von Geist zu Geist.

Frage dich, was der Himmel ihnen durch dich geben wollte. Empfange es, und gib es weiter.

Betrachte dich selbst nun auf die gleiche Weise – wie du Geschenke und Lektionen empfängst, die sie für dich haben. Genieße das wunderbare Gefühl. Frage dich nun, was der Himmel dir durch sie geben wollte. Nimm es an.

Wiederhole diese Übung am nächsten Tag noch einmal, wenn du das Gefühl hast, daß du immer noch festhältst, denn vielleicht gibt es noch mehr, das zu überreichen und zu empfangen ist. So kannst du ganze Schichten der Verhaftung hinter dir lassen.

Wenn der Schmerz am nächsten Tag entweder wesentlich schlimmer oder deutlich besser geworden ist, dann machst du Fortschritte. Wiederhole die Übung, bis nur noch Dankbarkeit übrig ist. Wenn es länger als zwei Tage dauert, ist das ein Hinweis darauf, daß diese Beziehung oder Situation karmisch war. Mit „karmisch" meine ich, daß hier andere Muster zugrunde liegen: Möglicherweise handelt es sich um Seelenmuster oder zu heilende Schichten, die aus vergangenen Generationen oder Leben herrühren. Fahre mit der Übung einfach jeden Tag so lange fort, bis du dich von der Vergangenheit frei und gesegnet fühlst.

Wenn in drei Tagen keine Veränderung eingetreten ist, gleich in welche Richtung, dann bedeutet das, daß es eine Stufe der Widerspenstigkeit gibt und daß du andere oder eine Beziehung nur als Ausrede benutzt, um nicht weiterzugehen. Vielleicht möchtest du noch einmal über diese Position nachdenken, denn sie wird zunehmend schmerzlich und bedrückend werden. Die Geschenke, die du in dir trägst, heilen dich selbst und andere, sie machen dein Leben leicht und glücklich, und sie sind ein großes Geschenk für alle Menschen, die um dich sind.

Weg 36
Das Lächeln des anderen lächeln – das Geschenk der Beziehung!

Jede Beziehung, die ihr Potential erreicht, hat ein großes Geschenk für diejenigen, die ein Teil von ihr sind. Außerdem gibt es noch eine ganze Reihe anderer Geschenke. Manchmal empfangen wir von einem Partner oder einem anderen Menschen etwas, das so wunderbar und so tiefgreifend ist, daß es unser Leben für immer verändert. Die Liebe, die er uns gegeben hat, hat unser Menschsein verändert. Manchmal ist es scheinbar einfach zu schwer, einen Partner gehen zu lassen, obwohl er bereits gegangen ist. Doch das höchste Geschenk der Beziehung können wir nur dann empfangen, wenn wir gänzlich loslassen. Das befähigt uns dazu, an andere weiterzugeben, was uns geschenkt wurde. Nur wenn wir loslassen, sind wir paradoxerweise fähig, das Geschenk, das uns gegeben wurde, zu empfangen und ganz und gar zu integrieren. Auf der Erfahrungsebene heißt das, daß die Leere, die unser früherer Partner mit seinem Dasein ausfüllte, durch das Loslassen nun mit unserem eigenen Sein, mit unserem Gefühl des Glücklichseins ausgefüllt wird. Das Geschenk, das er uns gegeben hat, ist nun das unsere, und die Einsamkeit ist fort. Es ist ein Teil von ihm, der uns überreicht wurde, und nun ist es ein Teil von uns geworden. Es ist etwas, das wir gelernt haben, indem wir von ihm empfangen haben. Nun können wir es geben und im Leben anderer dasselbe bewirken. Nun können wir die Freude des Gebens erfahren, so wie wir das Entzücken des Empfangens genossen haben. Zuweilen lächeln wir sein Lächeln in die Welt hinaus, oder wir schauen durch seine Augen, wenn wir die Schönheit von etwas wahrnehmen. Und in dem Maße, in dem wir diesen neuen Lebensbereich, den er uns gegeben hat, an andere weitergeben, werden wir ihn und das Band fühlen, das zwischen uns besteht, ganz gleich, wie unsere äußere Beziehung zu ihm war. Wir werden auf das Leben schauen und uns dabei ertappen, daß wir sein Lächeln lächeln. Wir werden uns glücklich und vollkommen fühlen, und wir werden von neuem die Güte und die Wärme spüren. Unsere Wertschätzung wird natürlich sein. Es gibt einen Fluß, der in unser beider Leben kommen wird, wenn wir die Güte erfahren, die er uns gegeben hat, ganz besonders, da wir nun dieses Geschenk haben, das wir selbst geben können.

Übung

Habe heute den Mut, jemanden loszulassen. Nimm wahr, daß es Menschen um dich gibt, die dasselbe Geschenk brauchen, das dir gegeben wurde. Du kannst es geben. Du kannst im Leben eines anderen etwas bewirken. Und wenn du das tust, wird euch beiden geholfen. Du kannst dich entscheiden, ob du zurückgehalten werden oder für die Menschen, die um dich sind, etwas bewirken möchtest. Zuweilen wirst du im Leben eines anderen genauso viel bewirken, wie das Geschenk, das du empfangen hast, in deinem Leben bewirkt hat. Willst du helfen? Wenn ja, wirst du die Hilferufe auf ganz natürliche Weise hören. Sind dein Rückzug, dein Festhalten und dein Schmerz wichtiger, als einem anderen zu helfen? Würdest du auch weiterhin auf diese Weise festhalten und dich gehenlassen, wenn du wüßtest, daß das Leben eines anderen Menschen von deinem Geben abhängt? Du kannst im Leben eines anderen und auch in deinem eigenen Leben den alles entscheidenden Unterschied bewirken, wenn du dich dafür entscheidest, das Geschenk zu geben.

Dies ist ein Prinzip der Führerschaft. Immer wenn du Schmerz empfindest, gibt es jemanden, dessen Bedürfnis nach Hilfe noch größer ist. Wenn du durch deinen Schmerz hindurch gibst, wird nicht nur dem anderen Menschen, sondern auch dir geholfen.

Weg 37
Loslassen und dein höheres Selbst

Ich bin Doktor der Psychologie, so etwas wie ein Künstler oder Wissenschaftler des menschlichen Geistes, und mein besonderes Interesse gilt der Heilung. Sowohl innerhalb als auch außerhalb des therapeutischen Rahmens habe ich zu viel erlebt, um eine höhere Macht – welchen Namen du ihr auch immer geben willst – so einfach abzutun. Auch im menschlichen Geist gibt es eine Macht, die zu Magie und zu Wundern fähig ist. Mein Bestreben geht dahin, diesen Teil unseres Geistes kennenzulernen und zu nutzen. Nenne ihn, wie du willst – die höhere Macht, das schöpferische Selbst, das Christus-Selbst, das Buddha-Selbst, das höhere Bewußtsein oder den Heiligen Geist –, er wird dadurch nicht herabgesetzt. Es ist der Teil deines Geistes, der alle Antworten kennt, die du brauchst, und er will dein Leben leicht machen. Wenn du daran überhaupt nicht glaubst, kannst du dich natürlich auch auf weniger spirituelle Hilfsmittel verlassen, zum Beispiel auf die Psychologie. Der beste und schnellste Weg, um im Leben weiterzukommen, ist jedoch immer durch „Gnade".

In meinen drei Jahrzehnten als Erforscher des menschlichen Geistes habe ich eine Reihe von Dingen entdeckt. Dazu gehört, daß das Leben nur dann schwierig ist, wenn wir versuchen, alles selbst zu tun. Das ist ein weit verbreitetes Übel unabhängiger Menschen. Menschen, die sich in einem Zustand wechselseitiger Abhängigkeit befinden, arbeiten wesentlich mehr mit anderen und mit Gnade. Natürlich haben alle Menschen Probleme, aber Menschen im Zustand der wechselseitigen Abhängigkeit denken schnell daran, daß sie nicht versuchen sollten, alles selbst zu tun. Das tun wir nur, wenn wir etwas beweisen wollen. Wechselseitig abhängige Menschen sind auf eine gesunde Weise mit anderen und mit ihrem höheren Selbst verbunden. Sie sind besser in Beziehungen und können besser empfangen. Jede Verhaftung, die wir loslassen können, führt uns näher an einen Zustand der wechselseitigen Abhängigkeit, an neue Verbindung und Verbundenheit heran. Aller Schmerz rührt von Verhaftung her, und alle Angst ist letztlich eine Angst vor Verlust. Je mehr wir fähig sind, uns mit unserem höheren Selbst zu verbinden, desto mehr sind wir in der Lage, ein Leben der Leichtigkeit und der Gnade zu leben, und wir erkennen, daß es uns wesentlich mehr Zufriedenheit und Erfolg bringt, schöpferisch statt verhaftet zu sein.

Die Aufgabe unseres höheren Selbst besteht darin, Probleme für uns zu lösen, uns Antworten zu liefern und uns aus scheinbar unmöglichen Situationen herauszuhelfen. Meist wollen wir alles selbst tun und benutzen dazu unser alltägliches Bewußtsein. Das bedeutet, daß wir „die Kontrolle haben", auch wenn sie armselig ist. Und es lohnt sich, diese Kontrolle zu haben, nicht wahr? Nicht wahr?

Loslassen kann ganz leicht sein. Wir können es in die Hände unseres höheren Selbst legen. Festhalten ist in Wahrheit nur eine Methode, um uns vor uns selbst zu verbergen, das heißt, vor unserem höheren Selbst. Wer bist du wirklich? Und was wolltest du hier vollbringen? Welches Versprechen hast du gegeben, bevor du hierher kamst? Welchen Beitrag wolltest du leisten? Festhalten ist eine Falle, deren Aufgabe darin besteht, dich so lange wie möglich aufzuhalten. Und wenn du Zeit vergeudest, dann vergeudet die Zeit dich. Vergeude dich selbst nicht länger! Es lohnt sich nicht. Es ist Zeit, von neuem zu beginnen. Ja!

Übung

Lege den Menschen, den du loslassen mußt, in die Hände deines höheren Selbst. Du kannst das Loslassen visualisieren, fühlen oder spüren. Du kannst es auch zu einem Gebet machen oder einfach nur hören, wie du die Worte sprichst. Wenn dies geschieht, stellt sich für gewöhnlich ein Gefühl des Friedens oder eines Geschenks ein, das dir als Gegengabe gegeben wird. Mache es dir leicht, übergib es deinem höheren Selbst.

Lege nun deine Zukunft in die Hände deines höheren Selbst. Lege heute alle Angst und Sorge, allen Kummer, alle Depression und Schuld und jedes schlechte Gefühl in die Hände deines höheren Selbst. Das kannst du tun, indem du fühlst, spürst oder vielleicht sogar visualisierst, wie es geschieht.

Weg 38
Das Feuer der Aufopferung

Aufopferung ist immer ein Ort, an dem wir nicht authentisch sind, ein Ort, an dem wir nicht empfangen, weil wir Angst vor Intimität, Erfolg, Veränderung und der Geburt auf einer neuen Stufe haben. Es gibt in unserem Leben jedoch Zeiten, in denen wir uns einem äußerst schmerzlichen Umstand oder scheinbar tragischen Situationen aussetzen, und die Aufgabe dieses Umstandes besteht darin, eine völlig neue Stufe des Bewußtseins und der Geburt zu erreichen. Das bezeichnet man als das „Feuer der Aufopferung“. Es ist die Chance, spirituellen Fortschritt zu erlangen, indem wir Verhaftungen loslassen. Auf einer Seelenebene gibt es eine neue Stufe oder eine neue Lebensweise, zu der wir durch eine Prüfung gelangen müssen. Wenn wir nicht verstehen, daß diese Bewußtheit unsere Chance ist, um auf diese neue Stufe der Freude und Kreativität zu gelangen, dann haben wir möglicherweise das Gefühl, als ob unser Leben zu Ende wäre.

Die neue Geburt wird erreicht, indem wir jegliche Verhaftung loslassen und einen neuen Anfang willkommen heißen, als sei er bereits vollbracht. Wenn wir das, was wir verloren haben – durch Herzensbruch oder sogar Tod – dem Leben aus freien Stücken zurückgeben, wird der Verlust nicht länger als ein Opfer erfahren, und der Beginn eines neuen Lebens steht bevor. Mit anderen Worten, wenn du dazu bereit bist, deinen Partner zurückzugeben, wirst du ihn nicht länger benutzen, um dich zurückzuhalten.

Um diesen Ort erreichen zu können, müssen wir wahrscheinlich den Menschen, die Beziehung, die wir mit ihm hatten, unser Leben, wie es bisher war, und unsere Träume davon, wie es hätte sein können, loslassen. Wenn wir das getan haben, können wir an einem höheren Ort des Bewußtseins schauen und fühlen, und wir sind offener für das Leben und die Gnade. Wir sind bereit, dieses neue Kapitel in unserem Leben zu umarmen, dankbar für das, was war, und dankbar für das, was ist.

Übung

Nimm gegenüber dem Schmerz heute eine neue Haltung ein. Benutze das Trauern – den Prozeß des Loslassens – als einen Prozeß, der heilt, aufrichtet, segnet, befreit und das Leben von neuem beginnen läßt. Deine Entscheidung und deine Bereitschaft lassen zu, daß du natürlich, leicht und schnell durch gegenwärtigen und vergangenen Schmerz hindurchgehst, damit du dich weiterentwickeln kannst. Während du in den Wehen des Loslassens liegst, triff die Entscheidung, dich mit soviel Gnade wie möglich zu bewegen, so daß das, was als das Ende deines Lebens erschien, nur das Ende eines Kapitels und die Bewegung hin zu einem höheren und besseren Kapitel der Liebe, des Lebens und der Freude sein wird. Wird dies das Ende deines Lebens oder dein letztes Kapitel sein? Du kannst dich bewußt dafür entscheiden, ein neues Kapitel zu schreiben und von neuem zu beginnen.

Weg 39
Die Verhaftung an das Nehmen

Das Nehmen ist ein Schlüsselelement der Verhaftung. Wenn wir lieben, wollen wir nichts anderes, als uns mit anderen zu verbinden. Wenn wir mit anderen verbunden sind, gibt es kein Gefühl von Traurigkeit oder Verlust, wenn wir loslassen, sondern nur süßen Kummer, Zärtlichkeit oder bittersüßen Schmerz, wenn wir zu einem neuen Kapitel in unserem Leben weitergehen. Die meisten unserer Beziehungen sind eine Mischung aus Liebe, Verbundenheit, Teilen, Geben, Helfen, Freundschaft, Zärtlichkeit, Lernen und Heilen. Andererseits enthalten sie aber auch Langeweile, Verhaftungen, Verschmelzung (siehe Glossar), Aufopferung, Werturteil, Angriff, Selbstgerechtigkeit, Abwehrhaltungen, Machtkämpfe, Bedürfnisse, Leblosigkeit, Benutzen und eine Reihe anderer Formen des Nehmens.

Wenn wir versuchen, jemanden zu benutzen oder etwas von ihm zu nehmen, auch wenn es unter dem Deckmäntelchen des Gebens geschieht, werden wir fortgestoßen und letzten Endes zurückgewiesen. Das Ausmaß unserer Verhaftung ist das Ausmaß unseres Schmerzes und unseres Festhaltens, nachdem die Beziehung zu Ende ist. Außerdem ist es das Ausmaß, in dem wir zu nehmen versucht haben, um unsere Bedürfnisse erfüllt zu bekommen. Das heißt, daß wir unseren Partner auf unwahre Weise benutzt haben, bevor die Beziehung zu Ende ging, und jetzt, da die Beziehung vorüber ist, benutzen wir ihn wieder auf unwahre Weise, um uns zurückzuhalten. Dies ist kein glücklicher Gedanke, denn wenn wir dieses Nehmen lediglich verschleiern und dann weitergehen wollen, wird unsere nächste Beziehung es widerspiegeln, entweder indem wir von unserem Partner zu nehmen versuchen oder indem unser Partner von uns zu nehmen versucht oder indem beide voneinander zu nehmen versuchen. Wir könnten diesen Bereich in uns auch jetzt heilen, denn er ist nur eine falsche Entscheidung im Hinblick darauf, wie wir mit unseren Bedürfnissen umgehen sollen. Wenn wir uns ihm jetzt mutig stellen, wird uns das sehr viel Schmerz ersparen. Dieses Nehmen, das unsere Bedürfnisse als Ausrede betrachtet, um alles zu tun, damit diese Bedürfnisse erfüllt werden, versetzt uns in einen sinnlosen Kreislauf.

Unsere Verhaftungen in diesen Beziehungen sind in Wirklichkeit nichts anderes als vergangene Verhaftungen, die wir in die Beziehung gebracht haben – alte Herzensbrüche aus der Vergangenheit oder verlorene Verbundenheit aus früheren Beziehungen und der Kindheit. Sie alle stellen unsere Bedürfnisse dar, die nur von neuem zutage treten in der Hoffnung, daß sie diesmal erfüllt werden.

Nehmen ist eines der fruchtlosesten Dinge, die wir tun können. Es bedeutet, daß wir in die falsche Richtung gehen. Beim Nehmen geht es darum, unsere Bedürfnisse zu schützen, was sie momentan zwar befriedigen mag, in Wahrheit jedoch untermauert und stärker macht. Es ist vergleichbar mit jemandem, der immer hungriger und leerer wird, je mehr er stiehlt (sowohl buchstäblich als auch im übertragenen Sinn). Keiner von uns möchte sich selbst als „Nehmer" sehen, aber wenn eine Beziehung nicht funktioniert und du in irgendeiner Weise verwundet zurückbleibst, kannst du dich darauf verlassen, daß du versucht hast, zu nehmen oder zu benutzen, wahrscheinlich unter dem Deckmantel des Gebens. Es ist sehr hart für uns, das zu erkennen und damit umzugehen. Nehmen läßt uns mit einem Gefühl der Bedürftigkeit zurück, und wir glauben, dieses Gefühl und diese Dringlichkeit seien Zeichen von Liebe. In Wirklichkeit sind sie aber nur Zeichen dafür, wie sehr wir andere benutzen wollen. Wenn wir dieses „Nehmen" einmal als unsere Nemesis[6] erkannt haben, sind wir bereits ein gutes Stück auf dem Weg, es zu korrigieren. Wenn nicht, werden andere Menschen anfangen, uns zu meiden, sie werden nicht länger auf uns eingehen und so viel Abstand wie möglich von uns halten. Diese Theorie kannst du sowohl während als auch im Anschluß an eine Beziehung anwenden. Wenn jemand dir aus dem Weg geht oder wenn jemand behauptet, „Raum zu brauchen", dann zweifellos deshalb, weil du versuchst, etwas zu bekommen oder zu nehmen, wenn nicht offen, dann auf einer energetischen Ebene.

Unser Nehmen kann so chronisch werden, daß wir zu einem emotionalen „Vampir" werden. Wenn es noch schlimmer kommt, wer-

---

6 Anm. der Übersetzerin: *Nemesis* (griechisch: „Unwille") ist eine griechische Göttin. Sie ist Wahrerin des rechten Maßes und Rächerin des Frevels. Im Englischen wird das Wort auch für „Vergeltung" benutzt.

den wir emotional toxisch und vergiften Menschen und Situationen mit unseren Geisteshaltungen und der negativen Energie, die wir durch unser Nehmen erzeugen. Ein toxischer Mensch in unserer Umgebung läßt uns wissen, daß wir diesen Selbsthaß in uns tragen, den wir unter unserer Bewußtheitsebene vergraben haben. Wenn wir diesen Aspekt in uns tragen, haben wir ihn wahrscheinlich unter der Kompensation der Aufopferung verborgen. Außerdem werden wir das Gefühl haben, daß wir uns für den Menschen aufopfern, der unsere Projektion auslebt. Daher erzeugen wir also buchstäblich sowohl das, was andere tun, als auch unsere Reaktionen darauf.

Wenn wir unser Muster des Nehmens aufgeben, werden wir in die Richtung von Reife, Erfolg, liebevoller Beziehung und Glücklichsein geführt. Versäumen wir es jedoch, dieses Muster zu korrigieren, dann geraten wir in einen noch schlimmeren Kreislauf aus Niederlage, Verlust, Schmerz und Versagen hinein.

Außerdem ist es wichtig, daß wir über das Konzept der Schattenfigur nachdenken. Eine Schattenfigur steht für einen Aspekt von Selbsthaß, den wir verleugnet und verdrängt haben. Sie ist eine Bruchstelle, denn sie ist etwas, das wir tief vergraben haben, als es in uns Schmerz oder ein Trauma hervorrief. Doch sie ist wesentlich profunder als nur der Schmerz, die Angst und die Schuld solcher Bruchstellen, weil sie auch Selbsthaß in sich trägt. Eine Schattenfigur ist eine Persönlichkeit, die wir tief vergraben haben, weil wir sie verachten – eine identifizierbare Persönlichkeit, die normalerweise das Gegenteil der Person ist, die wir nach außen hin zu sein scheinen.

Vielleicht haben wir als Kind etwas getan, von dem wir glauben, daß es unseren Eltern einen großen Schmerz oder Verlust zugefügt hat. Wir haben, was für Kinder typisch ist, uns selbst als die Ursache identifiziert. Es kann zum Beispiel sein, daß wir uns die Schuld gegeben haben für Beziehungsprobleme, ihre schlechte Gesundheit, Scheidung, allgemeines Unglücklichsein oder sogar Tod. Statt mit der großen Schuld zu leben, ein schlechter und böser Mensch zu sein, haben wir diesen Teil von uns selbst mit dem Etikett „schlecht“ versehen und verdrängt. In unserem Inneren existiert er jedoch als eine Schattenfigur und schwärt dort vor sich hin, während er sich in dem Glauben suhlt, daß er schlecht ist. Eine Schattenfigur verbirgt eine Überzeugung, daß wir schlecht oder böse sind. Dieses Selbstkonzept mag uns von Zeit zu Zeit dazu bringen, daß wir uns auch so verhalten, doch es ist nicht die höchste Wahrheit. Was immer wir zur damaligen Zeit geglaubt haben mögen, das uns dazu veranlaßt hat, es wegzuschließen, war lediglich Teil einer Verschwörung, um unsere wahre Güte, Macht und Aufgabe zu verbergen. Hier ist es ganz wichtig zu erkennen, daß wir diesen Teil unserer selbst einfach als schlecht wahrgenommen haben und daß diese fehlgeleitete Wahrnehmung die Ursache für unsere Schattenfiguren ist. Wir müssen zum ursprünglichen Trauma oder gebrochenen Herzen zurückkehren und herausfinden, warum wir uns selbst die Schuld gaben, warum wir uns zurückgewiesen fühlten oder glaubten, wir seien böse oder schlecht. In dieser Bewußtheit können wir uns dann selbst vergeben und erkennen, daß wir alle wahrhaft gut sind, ganz gleich, was schiefgegangen sein mag. Einer der Hauptgründe, warum guten Menschen schlechte Dinge zustoßen, liegt darin, daß wir uns selbst bestrafen, weil wir uns schuldig fühlen und unseren Selbsthaß in Schattenfiguren verwandeln.

Übung

Untersuche deine jetzige Beziehung oder verlorene Beziehungen. Untersuche deine Beziehungen zu Freunden und Bekannten. Wo hast du das Gefühl, daß du keinen Erfolg hast oder gemieden wirst? Was hast du von ihnen zu nehmen versucht? Auf welche Weise hast du versucht, sie zu benutzen? Deine Ehrlichkeit kann jetzt in großem Maße dazu beitragen, die Selbsttäuschung zu beenden, die mit deinem gebrochenen Herzen, deinem Festhalten oder deiner Verhaftung einhergeht.

Triff eine neue Entscheidung. Entscheide dich dafür zu geben. Denke daran, daß ein Lippenbekenntnis nichts bedeutet, wenn du nicht die Absicht hast, es zu erfüllen. Die Feuerprobe im Hinblick darauf, ob du zu nehmen versuchst oder nicht, besteht darin, ob jemand sich von dir fort oder zu dir hin wendet.

Stelle dir die Frage, welche der Schattenfiguren des „Nehmers", des „Benutzers", des „Vampirs" und des „toxischen Menschen" du in dir verborgen hast. Diese Schatten sind ein Fehler, den du ganz leicht korrigieren kannst, wenn du es willst. Übergib sie deinem höheren Bewußtsein, um sie für dich zu integrieren. Dann wirst du fähig sein, ihre gesamte Energie auf positive Weise zu nutzen.

Weg 40
Das zugewiesene Drehbuch: Regeln für die Beziehung

Wir Menschen leben nach Regeln oder Rezepten für bestimmte Situationen. Dabei handelt es sich um Regeln, die wir für uns selbst aufgestellt haben, und Regeln, die uns auferlegt wurden. Wir leben nach Regeln, bis wir eine Bewußtseinsstufe erreicht haben, die hoch genug ist, um unsere Regeln in Prinzipien zu verwandeln. Regeln sollen etwas abwehren, es sind Entscheidungen, die aus schmerzlichen Situationen heraus entstanden sind. Sie sollen verhindern, daß wir verletzt werden. Das einzige Problem besteht darin, daß Regeln dazu da sind, um gebrochen zu werden. Psychologisch betrachtet zieht eine Verteidigungsstellung den Angriff auf sich und führt auf diese Weise genau das herbei, was sie eigentlich verhindern soll. Regeln sind alt, größtenteils deshalb, weil sie statisch und unflexibel sind und nicht auf die Situation eingehen, wie sie ist, sondern nur darauf, wie eine schmerzliche Situation einmal war. Der unerlöste Schmerz, der sich unter jeder Regel verbirgt, bittet darum, herausgelassen zu werden. Je größer die Regel, desto mehr Schmerz verbirgt sich darunter, und desto größer ist der Schmerz, der herbeigerufen wird, um die Abwehrstellung zu öffnen und so zu ermöglichen, daß das unerledigte Geschäft abgeschlossen wird.

In einer Beziehung regen wir uns auf, wenn unser Partner die Regeln bricht, die wir aufgestellt haben. Sehr oft teilen wir unsere Regeln aber noch nicht einmal mit, sondern erwarten von unserem Partner, daß er unsere Gedanken lesen kann. „Wenn er mich lieben würde, dann wüßte er es..., dann würde er tun, was ich will..., dann würde er nicht tun, was ich nicht will..." Wenn ein früherer Partner also unsere Regeln bricht, dann tut das weh. Und nicht nur das – in unserem Drehbuch haben wir ihm zudem die Rolle des Nebendarstellers zugedacht, während wir selbst die Hauptrolle spielen. Auch wenn er den vermeintlichen Löwenanteil an der Handlung erhält, gibt es nur einen Star, und der sind – natürlich – wir. Wir können keinen anderen auf unserer Stufe dulden, denn das würde uns einem möglichen Verlust oder Schmerz aussetzen.

Es ist eine Art von Abwehrmechanismus, den wir anwenden, weil wir Angst vor einem gleichwertigen Partner haben, was einer Angst vor Intimität entspricht. Wenn es uns nicht gelingt, diese Angst zu heilen, dann werden wir es auch nie schaffen, unsere Regeln und Drehbücher in Prinzipien zu verwandeln, um Partnerschaft und gemeinsame Kreativität zu erreichen. Es ist Zeit, daß wir den Schmerz in unserem Inneren beenden und diese Regeln in Prinzipien verwandeln.

Übung

Erstelle eine Liste der wichtigen Regeln, die du für Beziehungen hast, zum Beispiel im Hinblick auf Treue, Ehrlichkeit, Kommunikation und so fort. Nun frage dich intuitiv: Mit wem und unter welchen Umständen hast du diese Regeln aufgestellt?

Bitte dein höheres Bewußtsein, dich und jeden, der an der Situation beteiligt war, in seine Mitte zurückzutragen, an diesen Ort des Friedens und der Unschuld, so daß ihr alle Frieden, Ganzheit und Gnade erfahren könnt. Überreiche von diesem Ort aus den Menschen, die an der Situation beteiligt sind, die Geschenke, die du mitgebracht hast, um sie ihnen zu geben. Während du das Geschenk überreichst, empfange es gleichzeitig in deinem eigenen Leben. Welches Prinzip tritt nun in dein Leben ein? Wie sieht dein Drehbuch nun aus, und wie fühlt es sich an?

Weg 41
Glücklichsein ist dein schönstes Geschenk an die Welt

Schaue dich einmal um. Wieviele glückliche Menschen kennst du? Diese wahrhaft und ansteckend glücklichen und unbezähmbaren Menschen sind ein großes Geschenk an die Welt. Sie gehen durch ihr Beispiel voran und helfen anderen, wieder in ihre Mitte des Friedens, der Gnade und des Lachens zurückzugelangen. Sie helfen dir zu erkennen, daß Glücklichsein nicht von irgendwelchen äußeren Dingen abhängt, sondern ein stetiger Strom aus deinem Inneren ist. Ihr Glücklichsein ist auf eine stille Weise „enthusiastisch“. Dieses Wort stammt von dem griechischen Begriff *en theos* ab, was so viel bedeutet wie „in Gott“. Es hilft sehr, lebendiges Glücklichsein beobachten und fühlen zu können, wenn wir glückliche Menschen sehen. Das ermutigt uns und verleiht uns neue Energie. Es erinnert uns daran, wie das Leben sein kann. Wir erkennen, daß glückliche Menschen ein Geschenk an uns und ein Geschenk an die Welt sind.

In dem Maße, in dem wir der Welt Glücklichsein schenken, nimmt unser eigenes Glücklichsein zu. Und in dem Maße, in dem wir dieses Glücklichsein für uns selbst geben und empfangen, wächst es gleichzeitig für die Welt. Alles andere als ein vergänglicher Moment des Glücklichseins scheint ein seltenes Geschenk im Leben zu sein, und für die meisten Menschen ist er an das Auf und Ab ihrer materiellen Besitztümer gebunden. Wenn wir jedoch Glücklichsein ausstrahlen, dann schwingt dieses Geschenk in anderen und wird verstärkt. Stelle dir nur einmal vor, welches Geschenk du deinem Partner durch dein Glücklichsein machst. Ein Mensch, der noch keinen Liebespartner gefunden hat und feststellt, daß aus seinem Inneren ein Strom frühlingsgleichen Glücklichseins aufsteigt, der wird in der Regel schon bald einen Partner finden.

Wenn wir schon einen Partner haben, wenn das Glücklichsein uns begegnet, dann werden wir gemeinsam neue Flitterwochen erleben. Das Glücklichsein kann die ganze Beziehung hindurch andauern, völlig ungeachtet ihrer Höhen und Tiefen und ihrer vielen Lektionen, denn der wahre Schatz einer Beziehung liegt in ihrem Potential, uns selbst und andere glücklich zu machen, indem wir uns mit ihnen verbinden.

Achte einmal darauf, wie ein glücklicher Mensch in der Familie zu ihrem Zentrum wird und die ganze Familie zu Liebe und Glücklichsein inspiriert. Das macht jede Last leichter. Glücklichsein ist nicht nur anziehend, seine Anziehungskraft ist magnetisch. Es gibt Fremden das Gefühl, Freunde zu sein, und Groll wird unerheblich im Angesicht des wahren Plans der Dinge. Glücklichsein, das von Liebe herrührt, will nichts anderes als lieben und Glück bringen. Glücklichsein, das aus Gnade empfangen wird, trägt Gnade zu anderen, ohne darüber nachdenken zu müssen, sondern einfach, indem es ist, was es ist.

Glücklichsein findet Liebenswürdigkeit in allen Geschöpfen. Glücklichsein hat das Werturteil gegen Entzücken eingetauscht. Es ehrt, was immer ihm gegeben wird, und in allem und jedem sieht es Liebe und Spaß. Glücklichsein im Leben ist gleichbedeutend mit Meisterschaft im Leben. Dein Glücklichsein segnet alles Leben, und es empfängt als Gegengabe seinen Segen von ihm.

Übung

Beginne den Tag, indem du dich für das Glücklichsein entscheidest, und teile jedes kleine Stück, das du findest, mit anderen, damit es wächst. Vielleicht beginnst du, indem du an das denkst, was dich glücklich macht oder worüber du glücklich sein mußt. Stelle dir vor, wie das Glücklichsein in dich einströmt, dich durch- und umspült, während es gleichzeitig aus der Mitte deines Seins hervortritt und nach außen hin strahlt. Es ist das Geschenk Gottes, empfangen und mit anderen geteilt. Es wird deinen Tag entscheidend verändern. Es wird dein Leben entscheidend verändern. Es wird die Welt entscheidend verändern.

Weg 42
Phantasievorstellungen und Erwartungen – Die Phase der Erwartung und des Festhaltens

Beziehungen können mit Phantasievorstellungen ausgefüllt werden, und wenn wir keine Beziehung haben, nehmen die Phantasievorstellungen sogar noch zu. Wir träumen von dem, was wir innerhalb und auch außerhalb der Beziehung vermissen. Wir erhöhen unseren Partner mit der Hilfe von Kinostars, berühmten oder idealisierten Menschen und durch Vernarrtheiten. Je mehr Phantasievorstellungen wir haben, um so weniger wollen wir, daß die Realität unseres Partners unser Erleben stört. Je mehr Phantasievorstellungen wir haben, um so schwieriger wird es für unseren Partner, uns zufriedenzustellen, und um so schwerer fällt es uns, zufrieden zu sein. In dem äußerst unwahrscheinlichen Fall, daß tatsächlich einmal eine unserer Phantasievorstellungen erfüllt wird, erkennen wir jedoch schnell, daß diese irgendwie nicht ausgereicht hat, um uns wirklich zufriedenzustellen. In einem sich fortwährend verstärkenden Teufelskreis aus Bedürfnis, Phantasievorstellungen, mangelnder Befriedigung, noch mehr Phantasievorstellungen, noch weniger Befriedigung u.s.w. bringen Phantasievorstellungen nur immer neue Phantasievorstellungen hervor.

Phantasievorstellungen und Erwartungen haben dieselbe schädliche Wirkung auf Beziehungen. Eine Erwartung ist das Bild davon, wie Dinge oder Menschen sein sollten; Phantasievorstellungen sind das Bild davon, wie wir etwas haben wollen. Beide sind sehr schwer zu erfüllen, und je länger eine Beziehung andauert, um so flüchtiger werden sie. Wenn eine Erwartung oder Phantasievorstellung nicht erfüllt wird, sind wir enttäuscht, doch wir wären auch enttäuscht, wenn sie erfüllt würde. Wir würden immer noch mehr wollen.

Eine Erwartung ist eine Forderung, und wir alle hassen es, wenn Forderungen an uns gestellt werden. Selbst wenn wir die Forderung erfüllen, haben wir das Gefühl, daß wir es tun mußten, und statt einer Belohnung verspüren wir ein Gefühl von Aufopferung oder Zwang.

Eine Erwartung erfüllen wir entweder unter Zwang, oder wir wehren uns dagegen, sie überhaupt zu erfüllen. Eine Erwartung wird nie Erfolg haben, ganz gleich, ob wir sie an uns selbst oder an andere stellen. So treiben wir uns zu immer größeren und größeren Erwartungen an, bis wir schließlich versagen.

Forderungen rühren von Bedürfnissen her, die ein Gefühl der Unzulänglichkeit erzeugen. Das führt dazu, daß wir uns unter Druck setzen oder Phantasievorstellungen haben, statt uns vorzuwagen. Wenn wir uns zuversichtlich, verbunden und ganz fühlen, stellen wir keine Forderungen und haben keine Phantasievorstellungen. Wenn wir etwas erwarten, dann fordern wir, daß andere für uns das tun, was wir für uns selbst oder für andere nicht tun. Erfüllung finden wir nur, wenn wir geben, weil wir uns so entschieden haben, denn das läßt uns das Geben genießen, und es öffnet die Tür für das Empfangen. Erwartungen, Phantasievorstellungen, Forderungen und auch die Bedürfnisse, von denen sie herrühren, sind alles Versuche, zu nehmen, ohne daß wir fähig sind zu empfangen. Sie bringen uns so wenig Erfüllung, daß wir sehr schnell noch unzufriedener werden, und schließlich vertreiben sie uns aus einer Beziehung oder verhindern von vornherein, daß wir eine Beziehung haben. Erwartungen und Phantasievorstellungen sind der Versuch, Bedürfnisse zu kompensieren, aber sie vergrößern sowohl unseren Streß als auch unsere Bedürftigkeit. Sichere Anzeichen für Phantasievorstellungen und Erwartungen sind der Frust und die Enttäuschung, die daraus entstehen.

Wir alle haben Phantasievorstellungen. Nur wenn Phantasievorstellungen zu einer Lebensweise werden, betrügen wir uns selbst um die Gelegenheit, ein erfülltes Leben zu leben und glücklich zu sein. Durch Phantasievorstellungen versuchen wir, Bedürfnisse mit Tagträumen zu erfüllen, so wie ein verhungernder Mann versucht, seinen Hunger mit Phantasievorstellungen über das Essen zu stillen. Es wird nicht funktionieren. Wenn wir als alleinstehende Menschen viel Zeit mit Phantasievorstellungen verbringen, dann kann unser Geist nicht mehr zwischen einem eingebildeten Geliebten und der Erfahrung eines echten Geliebten unterscheiden, denn in unserem Geist zeigt sich all das in Form von Bildern. Wenn wir also Phantasievorstellungen von einem Geliebten haben, dann meint unser Geist, daß wir keinen wirklichen Menschen brauchen, denn der Raum für das Bild des Geliebten ist ausgefüllt. Obwohl unsere Phantasievorstellung darauf basiert, daß wir etwas brauchen, können wir es nicht empfangen, weil sowohl unsere Phantasievorstellung als auch unsere Bedürfnisse es blockieren.

Alle Phantasievorstellungen und Erwartungen werden durch unsere Bedürfnisse genährt, die eine Form der Verhaftung oder des Festhaltens sind. Wenn wir in unserer Phantasie davon träumen, uns mit einem imaginären Menschen zu verbinden, nehmen wir die Verbundenheit und die Zufriedenheit, die durch wahre Verbindung entstehen, gar nicht wahr. Unsere Erwartungen fordern, daß er so sein soll, wie er unserer Meinung nach sein muß, um uns zufriedenzustellen. Phantasievorstellungen und Erwartungen bauen auf dem sinnlosen Versuch auf, unsere Bedürfnisse und Verhaftungen zu erfüllen. Die Nichterfüllung jedes Bedürfnisses und jeder Verhaftung verschlimmert den Verlust, den Schmerz und das Bedürfnis, das wir haben. All diese Energie ist extrem unattraktiv und dient nur dazu, die Menschen von uns fortzustoßen. Mit anderen Worten: Wenn wir an jemandem festhalten, dann sind unser Festhalten und seine unattraktive und bedürftige Energie genau das, was unseren Partner davon abhält zurückzukehren. Paradoxerweise können wir dieses sinnlose Programm nur dann auflösen, wenn wir loslassen.

Es gibt eine bestimmte Phase des Wachstums, durch die wir alle gehen und in der Phantasievorstellungen, Erwartungen und Festhalten die maßgeblichen Angelegenheiten sind, denen wir uns stellen müssen. Dies ist die unabhängigste Phase unseres Lebens, in der unsere Trennung am größten ist, und viele unserer Gefühle können wir nur erfahren, indem wir festhalten. Diese Wachstumsphase ist ein Ort, an dem wir unsere Bedürfnisse, unsere Angst, unsere verlorene Verbundenheit und die daraus entstehenden Gefühle der Unzulänglichkeit kompensieren, die zu Phantasievorstellungen, Forderungen, Festhalten, Erwartungen, übermäßigem Bemühen, dem Verfolgen zu vieler Ziele, Perfektionismus und Aufgeben führen.

Langfristig werden all unsere Kompensationen nicht funktionieren, und zwar ganz einfach deshalb, weil zur Natur der Kompensation die Abwehrhaltung, die Unfähigkeit zu empfangen, der Versuch, etwas zu beweisen, die Aufopferung und die Verleugnung bestimmter Gefühle gehören. Die Abwehrmaßnahmen, die wir in dieser Phase benutzen – Festhalten, Perfektionismus und Forderungen – sind zudem sowohl in Beziehungen als auch in uns selbst ganz besonders sinnlos.

Auch wenn ein unabhängiger Mensch wie ein Bollwerk der Stärke erscheint, ist es interessant zu bemerken, daß das Ausmaß seiner Unabhängigkeit zugleich das Ausmaß ist, in dem er an der Vergangenheit festhält. Das kann einen früheren Partner, aber auch ein Elternteil oder Geschwister betreffen, und in der Kapelle unserer alten Liebe zünden wir tagtäglich eine Kerze für diesen Menschen an. Die Tatsache, daß wir noch immer festhalten, verhindert, daß wir in der Gegenwart einen Partner haben.

Perfektionismus ist eine weitere Falle, in die wir in dieser Phase ziemlich häufig hineintappen. Er ist eine Kompensation für die Verbundenheit, die wir verloren haben, als wir uns ungeliebt fühlten. Jetzt haben wir das Gefühl, daß man uns lieben würde, wenn wir nur perfekt wären. Für einen Perfektionisten ist alles, was nicht perfekt ist, ein Mißerfolg. Dadurch setzen wir uns aber nur selbst herab, denn wenn wir in letzter Zeit nicht „auf dem Wasser gewandelt sind", fühlen wir uns als Versager. Die Geschäftigkeit und die Forderungen des Perfektionismus sind einer Beziehung nicht gerade zuträglich, genauso wenig wie das Antreiben oder Aufgeben, das daher rührt, daß wir unfähig sind, die Dinge perfekt zu tun.

Übung

Es ist Zeit, daß wir unsere Phantasievorstellungen, Erwartungen, Verhaftungen und unseren Perfektionismus loslassen. Statt dessen ist es Zeit, daß wir Ziele setzen und uns darauf konzentrieren. Wenn wir zu viele Ziele haben, ist es Zeit, diejenigen loszulassen, die nicht wahr sind. Verpflichte dich den Projekten, die wahr sind, bringe sie zu Ende, und lasse diejenigen los, die es nicht sind. Es ist Zeit, daß wir geliebte Menschen aus der Vergangenheit loslassen, an die wir uns noch immer klammern. Wir benutzen sie, um unserem Leben und unserer wahren Liebe jetzt aus dem Weg zu gehen. Es ist Zeit, daß wir den Perfektionisten und den ungeliebten, unzulänglichen Menschen integrieren, für den er eine Kompensation ist.

Stelle dir vor, wie alle „perfektionistischen" Aspekte deines Selbst in dir mit allen „unzulänglichen", „ungeliebten" und „bedürftigen"

Persönlichkeiten verschmelzen, die du in dir trägst. Stelle dir anschließend vor, wie diese integrierte Energie wieder mit dir verschmilzt.

Überprüfe nun deine Phantasievorstellungen. In welchem Ausmaß phantasierst du? Geht es dabei um einen oder mehrere ehemalige Partner? Geht es um Menschen, die du kennst oder mit denen du arbeitest? Gibt es einen Filmstar oder einen idealen Partner? Untersuche ernsthaft, auf welche Weise deine Phantasievorstellungen dich zurückhalten, und lasse sie los.

Beurteile deine Erwartungen. Immer wenn du die Worte „muß", „müßte", „soll" oder „sollte" gebrauchst, stellst du Forderungen an dich selbst. Das Ausmaß, in dem du darauf reagierst, daß andere Forderungen an dich stellen, zeigt dir die Forderungen, die du innerlich an dich selbst stellst, denn du reagierst nur auf die Forderungen und fühlst dich nur von den Forderungen unter Druck gesetzt, die du bereits an dich selbst gestellt hast.

Untersuche deine Verhaftungen. Was brauchst du? Woran hältst du fest? Was muß so geschehen, wie du es willst? Du ärgerst dich jedesmal, wenn eine Verhaftung nicht erfüllt wird. Wenn du deine Verhaftungen losläßt, wirst du dich verbundener, flexibler, weniger reaktiv und weniger unzulänglich fühlen. Paradoxerweise kannst du das, was du willst, nur haben, wenn du deine Verhaftungen losläßt.

Heute ist es Zeit, daß du deinen Perfektionismus als eine völlig unsinnige Aktion losläßt. Du kannst dir zum Ziel setzen, etwas perfekt zu tun, aber ohne Forderungen an dich zu stellen oder dich übermäßig hart anzutreiben. Tue dein Bestes und lasse es los, denn sonst bist du besessen, und das ist immer ein Zeichen für eine Falle.

Wenn sie gelernt und geheilt werden, können alle diese Elemente dir dabei helfen, dich aus der Phase des Festhaltens, die wir alle durchmachen müssen, zu befreien. Dies ist eine der härtesten Phasen, wenn es darum geht, einen Partner zu finden oder dich an dem Partner zu erfreuen, den du hast. Je eher du die Lektionen lernst, losläßt und diese Phase überwindest, desto eher wirst du im Leben und in Beziehungen größeren Erfolg haben.

Weg 43
Was willst du wirklich?

Nun ist ein guter Zeitpunkt, um einmal zu untersuchen, was du vom Leben wirklich willst. Was willst du wirklich in einer Beziehung? Während du dieses Buch gelesen und mit ihm gearbeitet hast, ist deine Bereitschaft, im Leben weiterzugehen, wahrscheinlich mehr und mehr gewachsen. Aber in welche Richtung möchtest du gehen? Wie soll dein Leben werden? Soll dein Leben hier enden, durch diese emotionale Gefahrenquelle zum Stillstand gebracht? Deine einzige Freude hier auf dieser Erde besteht darin, glücklich zu sein oder heil zu werden, damit du glücklich sein kannst. Der größte Teil des Lebens besteht in dem Versuch, Dinge zu tun, die uns glücklich machen sollen. Alles andere tun wir, weil wir beweisen wollen, daß wir gute Menschen sind. Denke einmal darüber nach. Was erzählst du deinen Freunden über dein Leben? Meist fällt es in eine von drei Kategorien: a) Mein Leben ist ganz wunderbar! b) Mein Leben ist furchtbar schwierig oder schlimm! oder c) Es war extrem hart, aber ich habe es geschafft!

Dies sind Geschichten, die wir seit vielen Jahren erzählen. In der Regel errichten sie eine kleine – oder auch höhere – Barriere zwischen uns und unseren Zuhörern, denn diese Geschichte würden wir jedem Zuhörer erzählen. Mit anderen Worten, wir gehen keine aufrichtige und wirkliche Unterhaltung oder Beziehung ein; wir berichten nicht, sondern erzählen unsere Geschichte. Gute Geschichten sind Kompensationen dafür, daß wir uns innen schlecht oder schuldig fühlen. Bei schlechten Geschichten geht es darum, wie hart das Leben ist: Bitte liebe mich (Opfergeschichte)... oder darum, wie hart und arbeitsreich das Leben ist: Aber ich bin damit fertiggeworden (Heldengeschichte)... oder darum, wie mies andere Leute sind: Aber ich bin natürlich so gut (Opfergeschichte). All das verbirgt, wie wertlos wir uns innerlich fühlen. Mit anderen Worten, wir können keine besonders hohe Meinung von uns haben, wenn wir bereit sind, uns selbst zu bestrafen oder unsere schlechten Gefühle durch übermäßig harte Arbeit zu kompensieren. All diese Geschichten sind Teil unserer Verschwörung gegen uns selbst. Wir benutzen sie, um zu verschleiern, wer wir wirklich sind, und um unsere wichtigsten Geschenke (siehe Glossar) zu verbergen.

Was willst du in deinem Leben? Du befindest dich an einem Punkt der Geburt, an einem Ort für einen Neubeginn, für ein neues Kapitel. Du kannst die Entscheidung treffen, auf eine völlig neue Weise zu leben und aus deiner gegenwärtigen Erfahrung heraus einen großen Sprung nach vorn zu tun. Du kannst dich für eine glückliche und friedvolle Geschichte entscheiden. Sie ist vielleicht nicht dramatisch, doch Liebe und Kreativität werden dein Bedürfnis nach Stimulation mehr als befriedigen.

Übung

Schaue dir an, was deine Geschichte verbirgt. Was ist das Geschenk, das so gut unter der Verschwörung verborgen liegt, die du gegen dich selbst und gegen deine Größe gerichtet hast? Denke daran, daß deine Schwierigkeit oder dein Problem zumeist das Gegenteil deines Geschenks ist, denn so kann es besser verborgen bleiben. Wenn dir dieses Geschenk in den Sinn gekommen ist, dann benutze es, wenn du an deine Zukunft denkst. In deinem Leben kann nichts falsch laufen, wenn du dein Geschenk anwendest. Werde dir bewußt, daß du keine neutralen Gedanken hast. Deine Gedanken richten sich entweder auf Liebe und Erfolg oder auf ihr Gegenteil. Jedesmal, wenn du im Hinblick auf Vergangenheit oder Zukunft einen unglücklichen Gedanken denkst, dann schaue und fühle, wie dein Geschenk diesem Gedanken oder dieser Situation hinzugefügt wird. Du wirst feststellen, daß mit deinem Geschenk alles besser geht.

Teile dieses Geschenk heute mit einem anderen Menschen auf eine Weise, zu der du dich inspiriert fühlst. Nimm wahr, wie du es empfängst, während du es gibst. So wirst du auf ganz natürliche Weise ein besseres Gefühl und größere Zuversicht für dein Leben erlangen!

Weg 44
An Erinnerungsstücken festhalten

Wenn eine Beziehung vorüber ist, arbeiten wir daran, sie loszulassen, um uns selbst zu befreien. Gewöhnlich lassen wir zuerst die negativen und dann die positiven Aspekte los. Am schwierigsten ist es jedoch, die vielen kleinen Dinge loszulassen, die an diesem Partner wirklich großartig waren. Zuweilen halten wir an ganz wunderbaren Erfahrungen fest, die wir mit ihm erlebt haben, und manchmal auch an Einzelheiten bezüglich seines Körpers. Manchmal sind es die besonderen Begabungen, die er hatte, oder verblüffende Dinge, die er getan oder uns geschenkt hat.

Wir sammeln Stücke aus vielen verschiedenen Beziehungen wie Glücksbringer an einem Armband. Eines ist sicher: Wenn wir an all diesen Stücken festhalten, dann erhält etwas, das ebenso gut oder sogar noch besser ist als diese besondere Eigenschaft, keinen Raum, um sich in der Gegenwart manifestieren zu können. Jahre oder Jahrzehnte später können wir uns noch immer nach etwas verzehren, das wir in einer Beziehung oder mit einem bestimmten Menschen verloren haben. Wir benutzen das Glücksarmband und die Stücke, die wir behalten haben, um uns unserer Einsamkeit zu erwehren. Wir befühlen jedes einzelne Stück, das an unserem Armband hängt, und kosten die süße Erinnerung an eine längst vergangene Zeit aus. Während wir dies tun, erkennen wir, was uns fehlt, und wir sehnen uns nach der Rückkehr des Menschen, der zu diesem Stück gehört. Dabei ignorieren wir die ganze Zeit das Prinzip, daß wir ihn nie wirklich verloren hätten, wenn wir ihn von ganzem Herzen geschätzt und gewollt hätten. Da der Mensch mit diesem besonderen Etwas aus irgendeinem Grund gegangen ist, sehnen wir uns weniger nach ihm als vielmehr nach seinem besonderen Etwas zurück.

Aber genau diese Reliquien, die wir als die besten Stücke vergangener Beziehungen aufbewahrt haben, sorgen dafür, daß diese Eigenschaften oder Erfahrungen nicht wieder neu geschehen können. Nur wenn wir jedes einzelne Stück an unserem Glücksarmband, jeden besonderen Teil in unserem Reliquienschrein loslassen, können wir uns wieder von neuem für einen ganz neuen Tag öffnen, an dem alle Segnungen der Vergangenheit uns mit gegenwärtiger Schönheit verbinden können.

Übung

Erstelle eine Liste der Glücksbringer an deinem Armband. Triff die Entscheidung, jeden einzelnen von ihnen loszulassen, und lasse dann auch das Glücksarmband selbst los. Stelle dir vor, wie du jeden Glücksbringer in die Hände deines höheren Bewußtseins legst, und lege dann auch das Armband hinein. Mache einen neuen Anfang. Sei dankbar für das, was war, und wisse, daß nun noch bessere Dinge auf dem Weg zu dir sind.

Weg 45
Glücklichsein oder Selbstkonzepte

Glücklichsein ist ein Seinszustand, der daher rührt, daß wir uns selbst geben und Gnade, Liebe und alle guten Dinge empfangen. Ein Selbstkonzept ist ein Glaubenssatz, der die Identität unseres Ego oder denjenigen unterstützt, der wir zu sein glauben. Diese Selbstkonzepte werden aufgestellt, wenn wir beginnen, eine Persönlichkeit in unserem Leben aufzubauen – ein Prozeß, den wir alle durchlaufen. Während wir uns durch die abhängigen Phasen des Lebens zu den unabhängigen Phasen hin bewegen, bauen wir ein starkes Ego mit vielen Selbstkonzepten auf. Um unser persönliches Wachstum jedoch in Richtung einer wechselseitigen Abhängigkeit oder Partnerschaft und schließlich zu einer grundlegenden oder spirituellen Abhängigkeit fortsetzen zu können, müssen wir unsere Selbstkonzepte loslassen. Jedes Loslassen trägt zu diesem Wachstum bei. Wenn wir die Verhaftung an Menschen oder an Dinge loslassen, weil es sich um eine Person oder eine Sache handelt, mit der wir uns auf eine falsche Weise identifiziert haben, lassen wir auch unsere Selbstkonzepte los. Aus diesem Grund glauben wir, daß unser Glücklichsein eher von diesen Selbstkonzepten herrührt als von der Beziehung selbst oder von dem, was wir geben.

Auf einer bestimmten Stufe sind alle Selbstkonzepte habgierig und versuchen zu „nehmen", um glücklich zu sein. Das ist nur einer der Wege, auf denen ein Selbstkonzept gegen das Glücklichsein arbeitet. Um glücklich weitergehen zu können, nachdem wir die Phase der Unabhängigkeit erreicht haben, muß es in unseren Selbstkonzepten und dem, womit wir uns identifizieren, eine Weiterentwicklung geben. Außerdem müssen wir viele unserer Selbstkonzepte loslassen, weil sie falsch oder fehlgeleitet sind. Das läßt zu, daß wir „wie ich will" zugunsten von „wie wir wollen" loslassen. Auf dem weiteren Weg lassen wir dann „meinen" und „unseren" Willen los, um den Willen des Himmels zu finden, der meinen und unseren Willen auf eine erfolgreichere Weise enthält. Das heißt, daß unsere Beziehung zu uns selbst und zu anderen noch glücklicher wird. Der Aufstieg sowohl der Selbstkonzepte in uns als auch ihrer Widerspiegelung in unseren äußeren Beziehungen geschieht nur durch die Fortentwicklung unserer Selbstkonzepte, bis wir zum Einssein gelangen. Je weniger wir in diesem Wettstreit und seinen Auswirkungen gefangen sind, um so glücklicher können wir sein, um so mehr können wir das „Tun" hinter uns lassen, um zu unserem „Sein" zu gelangen, das in einer direkten Wechselbeziehung zu unserem Glücklichsein steht.

Unsere Selbstkonzepte können eine kurzlebige Art von Glücklichsein bewirken, die daher rührt, daß man etwas erreicht, aber jedes unserer Selbstkonzepte hat seine eigene Vorstellung davon, was dieses „Erreichen" ist. Unter den vielen tausend Selbstkonzepten, die wir haben, entsteht ein Konflikt im Hinblick darauf, was Glücklichsein ist und wie man es erlangen kann. Ein Selbstkonzept kann ein Glaubenssatz sein wie „ich bin stark", „ich bin gut", „ich bin gestreßt" oder „ich schaffe alles". Es kann auch ein negativer Glaubenssatz sein, wie „ich bin ein Opfer" oder „ich bin schlecht".

Jedes Selbstkonzept hat sein eigenes logisches System und seinen eigenen Plan für das Glücklichsein. Daher entwickelt jedes Selbstkonzept eine Strategie von harter Arbeit oder von dem, was zu tun ist. Diese Strategie ist immer ein Versuch, etwas zu bekommen, zu gewinnen, zu beweisen oder zu vermeiden. Letztlich ist jedes Selbstkonzept eine Rolle oder eine Form der Aufopferung. Wenn wir das Gefühl haben, daß die Aufopferung zu groß ist, versuchen wir für gewöhnlich, so viel davon auf andere abzuschieben, wie wir können. Wir sind der Meinung, daß auch alle anderen sich aufopfern müssen, wenn wir so viel Aufopferung erfahren. Wir denken nicht darüber nach, wie wir die Aufopferung heilen könnten, sondern nur darüber, wie wir sie weitergeben oder dafür sorgen können, daß andere sich ebenfalls aufopfern. Glücklichsein dagegen fordert nichts. Man muß sich das Glücklichsein nicht erarbeiten; es ist ein Zustand des Seins.

Harte Arbeit und Geschäftigkeit sind Versuche des Glücklichseins, die dem Bezug, der Verbundenheit und der spirituellen Identität, die uns auf natürliche Weise glücklich sein lassen, aus dem Weg gehen oder sie verfehlen. Wenn wir eine Aufgabe mit Gnade und Verbundenheit beginnen, wird sie leicht und effektiv vollbracht. Umgekehrt lassen unsere Selbstkonzepte uns glauben, daß das Rezept zum Glücklichsein darin besteht, daß wir den Status quo aufrechterhalten und Veränderungen aus dem Weg gehen, und daher arbeiten sie ständig an ihrem eigenen Fortbestand, ganz unabhängig davon, ob das etwas mit unserem Glücklichsein zu tun hat oder nicht. Sogar negative Selbstkonzepte kämpfen um ihren Fortbestand als eine Form des Glücklichseins. Wenn der Fortbestand unserer Selbstkonzepte der einzige Aspekt wäre, um den wir uns Sorgen machen müßten, dann wäre das schon schwierig genug, aber unsere Situation ist noch komplizierter, denn jedes Selbstkonzept ist außerdem an seinem Aufstieg interessiert. Das ruft einen Wettstreit und Machtkampf innerhalb unseres Ego und unter unseren Selbstkonzepten hervor. Zudem projizieren und tragen wir diese Konflikte auch in unsere externen Beziehungen, und das führt dazu, daß wir versuchen, andere zu beherrschen und ihnen überlegen zu sein. Dieser Wunsch nach Vorherrschaft manifestiert sich in einem Bedürfnis, uns mit anderen zu messen, denn wir haben das Bedürfnis oder wollen versuchen, ihnen überlegen zu sein. Wenn uns das nicht in vollem Umfang gelingt, versuchen wir es zu erreichen, indem wir urteilen, denn das erlaubt uns immer ein Gefühl der Überlegenheit. Die Stufe, auf der wir diesen Wettstreit austragen, ist dieselbe Stufe, auf der wir in etwas investieren, das uns nicht glücklich machen kann. Das Werturteil und die Machtkämpfe mit anderen, die auf diese Weise entstehen, erzeugen Drohungen und Angst, und dagegen verteidigen unsere Selbstkonzepte sich mit Zorn und Kontrolle, um einer Niederlage zu entgehen. Dadurch entfernen wir uns so weit von der Erfahrung des Glücklichseins, wie es nur geht.

Als ein Zustand des Seins will das Glücklichsein mit anderen geteilt werden, um sich zu vermehren oder zu vervielfachen. Es braucht keine Abwehrhaltungen, und es will keinen Anteil an den Aufgaben, die unsere Selbstkonzepte sich ausdenken. Es erkennt, daß dies nur zu Wettstreit und Machtkämpfen führt, die das Gegenteil von Frieden und Glücklichsein sind.

Wir wollen einmal annehmen, daß wir als Kind das Selbstkonzept der Selbstsucht erworben haben. Dieses Selbstkonzept stellt einen Ort in unserer Kindheit dar, an dem wir die Verbundenheit verloren haben, an dem wir vielleicht das Etikett „selbstsüchtig“ bekamen, während wir das Gefühl hatten, daß unsere Bedürfnisse nicht erfüllt wurden, und weil wir als Kind gezwungen waren, selbst für die Erfüllung unserer Bedürfnisse zu sorgen. Aus diesem Grund haben wir das Selbstkonzept erworben, daß wir selbstsüchtig sind.

Wenn wir älter werden, verbergen oder kompensieren wir die „selbstsüchtigen“ Selbstkonzepte, indem wir unsere Wünsche und Bedürfnisse opfern. Wenn wir dann eine Liebesbeziehung eingehen, treten unsere selbstsüchtigen Selbstkonzepte oft zutage und bewirken, daß die Selbstkonzepte der „Aufopferung“, die unser Partner hat, versuchen, mit ihnen umzugehen. Manchmal ist genau das Gegenteil der Fall, doch je stärker unsere bedürftigen und selbstsüchtigen Selbstkonzepte zutage treten, desto stärker wird unser Partner in seine unabhängigen oder aufopfernden Selbstkonzepte hineingeworfen, um ihnen entgegenzutreten oder sie auszugleichen. Das kann so weit gehen, daß ein Partner uns schließlich wegen unseres bedürftigen und selbstsüchtigen Verhaltens verläßt. Oft haben wir noch nicht einmal die blasseste Ahnung, warum er uns verlassen hat, warum wir so unattraktiv geworden sind und was ihn in die Flucht geschlagen hat.

Während wir aufwachsen, bauen wir für gewöhnlich ein starkes Gefühl für unser Selbst und unsere Identität auf. Dieses starke Selbstgefühl betrachtet unser Glücklichsein als den Erwerb und die Abhängigkeit von Dingen außerhalb von uns selbst. Verlieren wir diese Dinge oder Menschen, dann geht auch unser Glücklichsein dahin. Gewinnen wir diese Dinge, dann kommt der Punkt, an dem wir erkennen, daß es nicht die Dinge oder Menschen selbst sind, die uns glücklich machen, sondern unsere Beziehungen und unser Geben, die uns für das Empfangen öffnen und zulassen, daß wir ihre Qualitäten genießen. Zu diesem Zeitpunkt haben wir schon eine starke Identität aufgebaut, gemäß der wir hart arbeiten und sehr beschäftigt sind, auch wenn wir so tun, als seien wir faul und als stünden unsere „faulen“ Selbstkonzepte im Vordergrund. Unser Geist ist mit den Auswirkungen unserer Selbstkonzepte beschäftigt, die daran arbeiten, ein kurzlebiges Glücklichsein zu erreichen.

Wenn wir uns von einem starken Selbstgefühl aus weiterentwickeln, müssen wir diese Selbstkonzepte und alle Rollen und Persönlichkeiten, die sie erschaffen, loslassen. Dadurch geben wir unser „Tun“ auf und kehren zum „Sein“ zurück. Es gibt weniger von uns und mehr Partnerschaft, weniger von uns und mehr Kreativität, weniger von uns und mehr Himmel. Letzten Endes (siehe Weg 50) erkennen wir, daß wir in Wahrheit nichts *tun* müssen, um glücklich zu sein. Wir brauchen die falschen Bedürfnisse nicht mehr, die künstlich von Selbstkonzepten erschaffen wurden, um eine bestimmte Identität am Leben zu erhalten.

Wir erkennen, daß weder die Identität noch die Erfüllung unserer Bedürfnisse uns glücklich gemacht hat. Für das Glücklichsein arbeiten zu müssen ist eine falsche Vorstellung, die zu einem Teufelskreis aus Arbeit führt, um sicherzustellen, daß unsere Bedürfnisse erfüllt werden, statt einfach nur zu geben und zu empfangen. Diese falsche Vorstellung entsteht durch den Zyklus aus Sichgehenlassen, Schuld und Aufopferung, der dafür sorgt, daß wir arbeiten und kompensieren, aber nicht fähig sind zu empfangen. Das Glücklichsein hingegen erlaubt uns, auf einer völlig neuen Stufe zu geben und zu empfangen.

Wenn wir die unabhängige Phase in unserem Leben erreicht haben, in der unser Selbstgefühl sehr stark ist, ist es wichtig, daß wir uns zur wechselseitigen Abhängigkeit hin entwickeln, um glücklicher, erfolgreicher und liebevoller zu werden. Um weiter zur Partnerschaft zu gelangen, müssen unsere Selbstkonzepte erfolgreich im Einvernehmen mit anderen arbeiten. Das erfordert Vermittlung und bessere Kommunikation im Hinblick darauf, wer wann etwas opfert, damit wir unsere Selbstkonzepte aufrechterhalten und gleichzeitig um die Vorherrschaft innerhalb des höheren Rahmens von Partnerschaft und Zusammenarbeit ringen können. Das erfordert, daß wir mehr unabhängige Selbstkonzepte zugunsten von Selbstkonzepten der wechselseitigen Abhängigkeit loslassen. Kooperative Selbstkonzepte sind Selbstkonzepte, die weiter entwickelt sind als Selbstkonzepte, bei denen es um Wettstreit oder Aufopferung geht.

In dieser Phase beginnen wir jedoch auch, Selbstkonzepte loszulassen oder durch Liebe, Vergebung und Integration aufzulösen, so daß wir mit Offenheit, Verbundenheit, Gleichheit und Vergnügen weitergehen. Das öffnet uns für uns selbst (für unser eigenes Sein), für andere und für das Sein, das reinste Liebe und Glücklichsein ist. Wenn diese Fortentwicklung stattfindet, müssen wir nicht länger hart arbeiten oder kämpfen, um die Bedürfnisse unserer Selbstkonzepte zu erfüllen, denn je weiter wir fortschreiten, um so mehr erkennen wir unsere wahre Identität als geistiges Wesen oder Kind Gottes. Daher brauchen wir immer weniger und empfangen immer mehr. Das läßt ein Wertgefühl aus unserem Sein und aus dem Glücklichsein heraus zu. Wenn wir weitergehen, bewegen wir uns zu einer Verbindung mit anderen hin, die ein Fenster zum Himmel ist, und wir wenden uns fort von den trennenden Mauern der Selbstkonzepte, die Gnade und andere Menschen ausschließen.

Je mehr Selbstkonzepte wir loslassen, um so mehr lassen unsere Abwehr, unsere Aggressivität und unser Wettbewerb nach. Wir werden offener und liebevoller. Wir sind glücklich, wenn wir geben, empfangen und Freude empfinden können. Unsere Kreativität wächst, weil wir zunehmend unseren ganzen Geist nutzen, statt ihn mit Selbstkonzepten und sinnlosen Aufgaben auszufüllen. Wir lassen uns nicht mehr so sehr von sinnlosen Leidenschaften gefangen nehmen. Wir lernen unseren Willen kennen, welcher die Kraft unseres Geistes ist, ausgerichtet auf das Gute. Unser Wille ist nicht unsere „Willenskraft" oder unsere Entscheidungskraft, sondern die Kraft unseres Seins, die hinausreicht, um Wahrheit und Geist zu bringen. Wir werden weniger der, der wir zu sein glaubten, und mehr zum Himmel, zum Bewußtsein des Einsseins.

Übung

Es ist Zeit, daß wir loslassen, wer wir zu sein glauben, und daß wir uns erkennen, wie wir wirklich sind. Lasse heute jeden negativen Glaubenssatz los, den du im Hinblick auf dich selbst hast. Das ist ganz leicht, es sei denn, daß du aus einem bestimmten Grund an diesem negativen Selbstkonzept festhältst.

I. Untersuche jeden Bereich, in dem du aufgebracht, abwehrend oder aggressiv bist. Welches Selbstkonzept verteidigst du? Warum? Wird es dich glücklich machen? Wann?

II. Rufe heute dein höheres Bewußtsein an und verpflichte dich, zur Ganzheit deines Seins zurückzukehren, unterstützt durch das göttliche Sein. Auf dem Weg dorthin kann es geschehen, daß dein Ego aufschreckt, wenn es die Selbstkonzepte verliert, die ihm Stabilität und Trennung verleihen. In der Regel bedroht das Ego dich an diesem Punkt so sehr, daß du das Gefühl hast zu sterben. Aber denke daran: Du bist nicht deine Selbstkonzepte, und nur dein Ego wird sterben. Du wirst wieder geboren auf einer neuen Stufe von Liebe und Licht.

Weg 46
Trage deinen Teil bei

Meine jahrelange Erfahrung darin, den Geist vieler Menschen zu erforschen, hat mir viele entscheidende Erkenntnisse gebracht, und eine ganz wesentliche Erkenntnis ist: Wir alle haben eine Aufgabe, und es ist eine Aufgabe, die nur wir erfüllen können. Vom metaphorischen Standpunkt aus betrachtet, könnten wir sagen, daß diese Aufgabe ein Versprechen ist, das wir gegeben haben, um im Leben unserer Familie und in der Welt etwas zu bewirken. Wenn wir unsere Aufgabe erfüllen, dann erfüllen wir auch uns selbst. Wenn wir uns erkennen und zu unserem eigenen Selbst werden, wenn wir uns zu unserem besten oder höheren Selbst hin entwickeln, dann werden wir zu einem Kanal der Gnade. Diese Weise des Seins ist auf natürliche Weise erfolgreich, und sie lädt andere ein und unterstützt sie dabei, ebenfalls auf natürliche Weise erfolgreich zu sein.

Durch unser Loslassen können andere, die in ähnlichen Situationen gefangen sind, die Gnade des Loslassens empfangen. Unsere Befreiung wird zu einem Kanal der Gnade. Unsere Entwicklung macht einen Weg frei, auf dem alle, die um uns sind, vorangehen können. Mit den Menschen, die uns am nächsten stehen, sind wir in einer bestimmten energetischen Konfiguration verbunden. Wenn eine Person innerhalb der Konfiguration einen Schritt nach vorn tut, können alle anderen in dieser Konfiguration ebenfalls einen Schritt nach vorn tun. Wenn wir die Lektion des Loslassens lernen, dann müssen unsere Kinder nicht durch diese harte Schule gehen. Jede Lektion, die wir nicht gelernt haben, geben wir an unsere Kinder weiter. Wenn wir die großen Lektionen lernen, dann ist das so, als würden wir ein Minenfeld räumen, durch das unsere Kinder und andere geliebte Menschen gehen müssen. Indem du deinen Teil beiträgst und losläßt, kann das, was nun ein Minenfeld ist, für sie zu einem Spielplatz werden.

Loslassen und rechtzeitig weitergehen ist unser Geschenk an die Welt. Das heißt, daß es ein Stück weniger Schmerz und Illusion gibt, das mit anderem Schmerz schwingt. Nun wird es ein Stück mehr Fluß geben, das dazu beiträgt, daß alles sich auf natürlichere Weise entfalten kann. Wenn wir loslassen und weitergehen, dann befreien wir die Welt von einer weiteren Falle des Schmerzes und schenken ihr in gleichem Maße Verständnis. Heilung führt uns zum Glücklichsein und zur Erkenntnis unseres Ganzseins. Festhalten führt uns nur in die Richtung von mehr Schmerz und Tod. Weitergehen erfordert Mut. Und wenn wir weitergehen, dann können alle möglichen Dinge geschehen – vielleicht sogar etwas Gutes.

Übung

Sieh, fühle und spüre die Helligkeit der Zukunft heute jedesmal, wenn du an sie denkst. Dies ist eine Entscheidung – die Entscheidung, all deine schmerzlichen Gedanken in solche Gedanken zu verändern, die mit einem guten Gefühl zu tun haben. Nutze insbesondere die Zeit unmittelbar vor dem Einschlafen und unmittelbar nach dem Aufwachen, um dich für einen glücklichen Tag zu entscheiden. Sieh die Zukunft als hell, fühle sie als frei, höre dich selbst reden, wie du es tust, wenn du dein bestes Selbst bist. Nimm jeden Gedanken von Angst, Einsamkeit, Depression und Groll und jedes schlechte Gefühl wahr. Da jeder Gedanke, den wir haben, dazu beiträgt, unsere Realität zu erschaffen, ist es wichtig, daß wir verantwortungsvoll handeln – nicht nur im Hinblick auf unser Verhalten und unsere Gefühle, sondern auch in unseren Gedanken. Immer, wenn du dich bei etwas ertappst, das kein glücklicher, erfüllter oder liebevoller Gedanke ist, triff eine neue Entscheidung. Entscheide dich und nimm das Resultat deiner Entscheidung so lebendig wie möglich wahr. Deine Gedanken sind die Bestellungen, die du in dein Leben aussendest für das, was geschieht.

Weg 47
Glücklichsein und die Pläne des Ego

Es gibt das Glücklichsein, das von Liebe, Kreativität und Gnade herrührt, und es gibt die Pläne des Ego, mit denen es versucht, das Glücklichsein zu erreichen. Das Ego hat alle möglichen Pläne, die jedoch in erster Linie seiner eigenen Stärkung dienen. Als Strategien zum Glücklichsein funktionieren sie nicht, und in der Regel verursachen sie uns ziemlich großen Schmerz. Doch wir hören auch weiterhin auf unser Ego, bis wir die damit verbundenen Lektionen endlich gelernt haben.

Das Ego sagt uns zum Beispiel, daß Selbsterhöhung uns glücklich machen wird, doch sie macht uns nur für kurze Zeit froh oder zu etwas Besonderem. Danach müssen wir unseren Status eifersüchtig bewachen – und wehe dem Menschen, der uns nicht so behandelt, wie es uns unserer Meinung nach zusteht! Das Ego sagt uns auch, daß es uns glücklich machen wird, wenn unsere Bedürfnisse erfüllt werden. Es hat viele Vorschläge zu machen, wie das zu erreichen ist: indem wir von anderen nehmen, indem wir zulassen, daß man von uns nimmt, indem wir zu hart arbeiten, durch Faulheit, indem wir bedürftig sind, indem wir unzuverlässig sind, durch Krankheit, indem wir uns in den Vordergrund drängen, indem wir uns verbergen, indem wir Vergeltung üben, durch Herzensbruch, indem wir Schuld bezahlen, indem wir uns gehenlassen, indem wir uns aufopfern, durch Wettstreit, durch Gewinnen, indem wir schlecht sind, indem wir die Trennung aufrecht erhalten. Und das sind nur einige der vielen Tricks, die das Ego auf Lager hat.

Hauptsächlich schlägt das Ego vor, daß wir andere zu Opfern machen oder selbst zu einem Opfer werden, um auf diese Weise unsere Bedürfnisse erfüllt zu bekommen. Dazu gehört auch, daß wir jemanden in einer Beziehung verlieren, um Aufmerksamkeit oder Sympathie zu erlangen. Wenn das geschieht, schlägt das Ego vor, daß wir festhalten und versuchen, unsere vergangenen Bedürfnisse in der Gegenwart erfüllt zu bekommen, möglicherweise, indem wir an Grollgefühlen festhalten. Wegen dem, was geschehen ist, haben wir nun das Recht – so meinen wir zumindest –, zu nehmen und andere Menschen zum Opfer zu machen. Im Hinblick auf die vielen Orte, an denen wir zum Opfer gemacht wurden, sind wir wahrhaft blind. Wenn wir nicht heil werden, ziehen wir uns entweder zurück, was die Menschen verletzt, die wir lieben, oder wir meinen, einen Blankoscheck zu besitzen, eine Rechtfertigung für schikanierendes oder nehmendes Verhalten in der Gegenwart, weil wir in der Vergangenheit verletzt wurden. Nachdem wir durch unsere Abhängigkeit und unser Opfersein hindurchgegangen sind, werden wir oft unabhängig, um sicherzustellen, daß wir nie wieder verletzt werden. Das führt jedoch dazu, daß wir andere Menschen unabsichtlich zu Opfern machen. Mit anderen Worten, wenn wir zum Opfer gemacht wurden und diese Sache nicht heilen, dann geben wir dieses Opfersein weiter. Die Form mag zwar eine andere sein, aber wir geben es weiter. So kann es zum Beispiel sein, daß jemand, dessen Herz gebrochen wurde, nun andere kontrollieren will, um zu verhindern, daß sie einen Herzensbruch erleiden. In dem Maße, in dem wir selbst heil werden, lieben, die Hand ausstrecken, kommunizieren und vergeben, in dem Maße wird auch diese Heilung weitergegeben.

Einigen der Pläne unseres Ego gelingt es vielleicht, unsere Bedürfnisse kurzfristig zu erfüllen, aber langfristig funktionieren sie nie. Auch wenn unsere Bedürfnisse erfüllt werden, kehren sie zurück, und darum machen diese Pläne uns nicht glücklich. Sie haben lediglich das Ego aufgebaut und unsere Trennung, die das Gegenteil von Glücklichsein ist, verstärkt. Das Ego verspricht, uns von unserer Angst zu befreien, aber es tut dies nur zum Teil, denn es selbst ist das Prinzip der Trennung, das aus Angst, Schuld, Schmerz, Wettstreit, Beherrschung, Unterwerfung, Selbsterhöhung, Vergleich, Selbstangriff und dem Glauben, daß wir unser Körper sind, besteht.

Statt auf das Ego zu hören, könnten wir auf unser höheres Bewußtsein hören, das uns den Weg zum Glücklichsein zeigt und Glücklichsein durch Gnade bewirkt. Wenn wir unsere Fehler einmal erkannt haben, hilft unser höheres Bewußtsein uns dabei, einen Ausweg aus den Manövern des Ego zu finden, die uns in Schmerz und Fallen gefangen halten. Es braucht nicht mehr als die Bereitschaft, bereit zu sein, um uns mit Führung und Gnade zur Seite zu stehen. Eine Veränderung hin zum Glücklichsein wäre relativ einfach, wenn wir bereit wären, uns mit unserem höheren Bewußtsein und nicht mit dem Ego zu identifizieren. Das Ego erzählt, daß es uns glücklich machen will, und es nimmt uns mit auf eine Spritztour, die den Tod als endgültiges Ziel hat. Dies ist der ultimative Selbstangriff des Ego. Es will, daß wir uns mit uns selbst als Körper identifizieren und nicht mit uns selbst als einem geistigen Wesen. Dann greift es uns an und erzählt uns, daß unser Körper nicht gut genug für uns sei. Es führt uns in äußerst schmerzliche oder erschöpfende Fallen und schlägt dann vor, daß wir eher sterben als uns ändern sollten, denn schließlich ist es zu der Überzeugung gekommen, daß es noch besser ist als wir. In seiner eigenen Vorstellung bereits zur Legende geworden, will das Ego uns loswerden. Dabei verkennt es völlig den Wahnwitz dessen, was es will, denn irgendwie ist es der Auffassung, es würde unseren Tod überleben.

Wir wollen einmal genau anschauen, in welchem Ausmaß wir in Grollgefühle, in die Vergangenheit sowie in den Versuch sicherzustellen, daß unsere Bedürfnisse erfüllt werden, investiert haben. Jeder Ort, an dem wir an gebrochenem Herzen gelitten haben, an dem wir versagt haben oder zum Opfer gemacht wurden, steht für einen Plan des Ego, der hier am Werk ist. Immer wenn wir Schmerz empfinden, werden wir feststellen, daß eine Intrige des Ego am Werk ist, aber Erfolg, Glücklichsein oder Liebe werden uns nur kurzfristig beschieden sein. Wir mögen vielleicht glauben, daß unsere Bedürftigkeit oder unser Schmerz andere ermutigen werden, auf uns einzugehen, doch solange das Ego die Kontrolle hat, wird das niemals wirklich geschehen.

Übung

Heute ist es Zeit, daß wir die Pläne unseres Ego erkennen und uns eingestehen, daß sie ein Fehler sind und uns nicht glücklich machen werden. Dann können wir unser höheres Bewußtsein um die Gnade und das Wunder bitten, uns ganz mühelos den Weg zum wahren Glücklichsein zu zeigen. Wir können sein bereitwilliger Schüler sein. Wir können das verlernen, was wir verlernen müssen, und das lernen, was notwendig ist. Das Ego haßt jede Veränderung, die zu unserer Reife und Entwicklung beiträgt, denn das ist das einzige, was uns aus seinen Plänen befreit und zum Glücklichsein hinführt. Aus den meisten der nachfolgend genannten Gründe will unser Ego, daß wir uns aufopfern oder zum Opfer werden. Einige dieser Gründe sind zu verschiedenen Zeiten einfach nur stärker ausgeprägt als andere.

Die Pläne unseres Ego

- *erlauben uns, etwas zu tun, das wir tun wollen, uns aber selbst nicht erlaubt haben.*
- *erlauben uns, etwas nicht tun zu müssen, das wir nicht tun wollen.*
- *ermutigen uns zu dem Versuch, unsere Bedürfnisse erfüllt zu bekommen.*
- *machen uns zu etwas Besonderem.*
- *bewirken, daß uns Aufmerksamkeit zuteil wird.*
- *bringen uns etwas ein.*
- *ermutigen uns zur Rebellion.*
- *schützen uns davor, eine bestimmte Angst zu heilen.*
- *zeigen uns, daß wir recht haben.*
- *gewinnen, beherrschen oder unterwerfen.*
- *beweisen etwas.*
- *versuchen, unsere Familien durch Rollen und Aufopferung zu retten.*
- *versuchen, Vergeltung zu üben.*
- *versuchen, jemanden zu bezwingen.*
- *versuchen, uns selbst, andere oder Gott anzugreifen.*
- *verschaffen uns eine Ausrede.*
- *verbergen unsere Macht, unsere Aufgabe und unsere Identität.*
- *bringen andere dazu, sich um unsere Bedürfnisse zu kümmern.*
- *kontrollieren uns selbst und andere.*
- *verbergen Geschenke, Chancen oder Begabungen.*
- *konkurrieren mit anderen und wollen sie bezwingen.*
- *wollen uns glauben machen, daß wir nicht mehr sind als unser Körper.*
- *ermutigen uns zur Aufopferung.*
- *ermutigen uns dazu, zum Opfer zu werden oder andere zu Opfern zu machen.*
- *bewirken, daß wir uns gehenlassen.*
- *bewirken, daß wir uns schuldig fühlen, damit wir uns nicht ändern müssen.*
- *ermutigen uns dazu, anderen immer eine Nasenlänge voraus sein zu wollen.*

- *bewirken, daß wir uns schwach, unzulänglich und getrennt fühlen.*
- *halten uns auf und lenken uns ab.*
- *arbeiten am Fortbestand des Ego.*
- *erhalten den Status quo aufrecht und kämpfen gegen Veränderung.*
- *erhalten unsere Unabhängigkeit aufrecht.*
- *zeigen unsere Überlegenheit oder Unterlegenheit.*
- *blockieren Liebe und Intimität.*
- *bewirken, daß wir uns schuldig fühlen.*
- *versuchen, Schuld zu bezahlen.*

Weg 48
Chronisches Festhalten verbirgt Sichgehenlassen

Wenn wir an einer bestimmten Person oder Situation festhalten und uns weigern, sie loszulassen und weiterzugehen, obwohl wir wissen, daß sie nicht gut oder nicht wahr für uns ist, dann benutzen wir unser Festhalten, um zu verbergen, daß wir uns auf eine bestimmte Weise gehenlassen. Was ist dieses Sichgehenlassen, dem wir verhaftet sind? Es kann Rauchen, übermäßiges Essen, Konsum von Alkohol oder Drogen, hysterisches Verhalten, emotionales Sichgehenlassen oder das Festklammern an einen ungeeigneten Partner sein, auch wenn es schmerzlich für uns ist. Unsere Verlegenheit oder Scham im Hinblick auf dieses Sichgehenlassen bringt uns dazu, es verborgen zu halten. Manchmal verbergen wir es sogar vor uns selbst, und kein noch so großes Maß an Überredung oder Schmeichelei wird uns dazu bringen, unseren Partner loszulassen, weil es in Wirklichkeit darum gar nicht geht. Das chronische Festhalten ist selbst eine Abwehrmaßnahme, die es uns erlaubt, weiter an unserem verborgenen Sichgehenlassen festzuhalten. Wir müssen uns darüber klar werden, daß es in Wirklichkeit um dieses Sichgehenlassen geht. Es ist ein kleines Laster, das bewirkt, daß wir uns schuldig fühlen, was wieder zu Aufopferung und Kompensation führt. Wegen unserer Aufopferung verspüren wir das Bedürfnis, uns zu erfrischen, und wir glauben, zu diesem Sichgehenlassen berechtigt zu sein, weil wir ja so viel „opfern" oder so hart arbeiten. Dadurch geraten wir in einen Teufelskreis.

Wenn uns bewußt wird, daß wir uns gehenlassen, und wenn wir erkennen, daß uns das nicht zufriedenstellt, daß unsere Falle aus Sichgehenlassen und Aufopferung nicht funktioniert, dann können wir sie loslassen und zu dem weitergehen, was uns wirkliche Zufriedenheit bringt.

Unser Sichgehenlassen ist eine Strategie unseres Ego. Das Ego benutzt sie zuerst, um uns das Gefühl zu geben, daß wir etwas Besonderes sind, und dann, um Scham- und Schuldgefühle zu erzeugen.

Durch diese Strategie beabsichtigt das Ego, uns zu trösten und uns für den Schmerz, das gebrochene Herz oder die Verbundenheit, die wir verloren haben, zu entschädigen. Doch das Sichgehenlassen gibt uns nicht den Trost, die Freude und die Zufriedenheit, die wahre Verbundenheit mit ihrer Liebe und ihrem Erfolg uns geben würde. In Wahrheit benutzt das Ego die Trennung der verlorenen Verbundenheit, Selbsterhöhung, Schuld und Scham, um sich selbst zu stärken und seinen Fortbestand zu sichern. Egostrategien sind Abwehrmaßnahmen, die in Wahrheit nie funktionieren. Sie bringen Schmerz, Unzufriedenheit oder genau das, was wir durch die Abwehrmaßnahme eigentlich verhindern wollten. Natürlich hat das Ego schnell eine andere Strategie oder Abwehrmaßnahme zur Hand, die unsere Hoffnung stärkt und eine Weile anhält. Letzten Endes wird aber auch sie nicht funktionieren. Dadurch bekommt das Problem mehrere Schichten und wird scheinbar komplex. In Wahrheit ist das jedoch nicht der Fall. Wir müssen einfach nur das Sichgehenlassen loslassen oder die entstandene Trennung durch Verbindung beenden, um die Verbundenheit wieder zurückzugewinnen. Das kann einen Elternteil, uns selbst, unseren Partner oder den Himmel betreffen.

Wenn wir uns gehenlassen, dann versuchen wir zu nehmen, sind aber nicht fähig zu empfangen. Es ist ein Vergnügen, dem wir Wert beimessen, weil wir glauben, daß es uns für das entschädigen wird, was wir verloren haben oder was uns gefehlt hat, seit wir eine grundlegende Verbundenheit verloren haben. Unser Sichgehenlassen kann jedoch niemals die emotionale Leere ausfüllen, die wir in unserem Inneren spüren, und deshalb geben wir ihm immer mehr nach in dem Versuch, Befriedigung zu erlangen. Dadurch vergrößert sich unsere Schuld, was dazu führt, daß wir uns noch weiter zurückziehen und noch weniger fähig sind zu empfangen.

Sichgehenlassen glänzt, aber es ist kein Gold. Es führt nur zu einer Art von „Kater“ oder Schwere. Wir messen unserem Sichgehenlassen einen höheren Wert zu als unseren Beziehungen, und diese Form des heimlichen Nehmens höhlt unsere Beziehungen aus und macht uns in zunehmendem Maße unglücklich.

Übung

Untersuche, welche chronischen Muster des Festhaltens es in deinem Leben gibt. Das sind die Bereiche, in denen du nicht weitergehst. Überlege, worin dein verborgenes Sichgehenlassen bestehen könnte. Nachdem du es entdeckt hast, prüfe den Kreislauf aus Sichgehenlassen und Aufopferung, in dem du dich befindest, und welche Auswirkungen er tatsächlich auf dein Leben hat. Prüfe, inwieweit dein Sichgehenlassen dich wirklich zufrieden und glücklich gemacht hat, und prüfe auch, welchen Preis du dafür bezahlen mußtest.

Wenn dein Sichgehenlassen nicht funktioniert hat, dann möchtest du es vielleicht zusammen mit den anderen „Strategien" deines Ego, die dafür sorgen, daß du festhältst, loslassen, damit das Leben dir nun das bringen kann, was dich wirklich zufrieden macht. Wenn der Preis dir nicht gefällt, den du für das Sichgehenlassen bezahlst, das dich nicht wirklich glücklich macht, dann möchtest du vielleicht eine neue Entscheidung treffen. Wenn du dein verborgenes Sichgehenlassen erst losgelassen hast, wird das chronische Festhalten auf natürliche Weise entfallen, und das Leben kann dir zeigen, was wirklich funktionieren kann.

Frage dich, bei welchem Menschen du die grundlegende Verbundenheit verloren hast, und denke darüber nach, auf welche Weise es bewirkt hat, daß du an diesem alten Partner festhältst. Stelle dir vor, daß feine Linien aus Licht dich mit diesem Menschen verbinden.

Gehe zurück in die Zeit, in der diese Verbundenheit verloren ging, und stelle dir wieder vor, wie die Linien aus Licht dich mit diesem Menschen verbinden.

Weg 49
Glücklichsein, Depression und Gott die Schuld in die Schuhe schieben

Wir alle wissen, daß Depressionen von einem Verlust herrühren, von dem wir uns nicht erholt haben. Eine Depression ist erfüllt von schmerzlichen Gefühlen. Dazu gehören Traurigkeit, Verlust, Angst, Bedürfnis, Verlassenheit, Verletzung, Herzensbruch, Schuld, Erschöpfung, Unwürdigkeit, Hoffnungslosigkeit und Sinnlosigkeit. Es ist allerdings nicht allgemein anerkannt, daß nur wir selbst uns für einen Verlust entscheiden können, wenn wir wieder einmal einem närrischen und nicht zufriedenstellenden Plan unseres Ego folgen. Mit anderen Worten, ein Teil unseres Geistes war an der Geschichte oder dem Drehbuch, das zu dieser Depression geführt hat, beteiligt, und er setzt das Drehbuch unseres Lebens in Form einer deprimierenden Geschichte fort. Nun ist die Vorstellung des Ego von einer Depression zu einem weiteren Plan geworden, um etwas zu bekommen. Letztlich ist eine Depression ein anklagender Finger, der auf denjenigen gerichtet ist, der uns verlassen hat, oder auf jemanden, der diesen Verlust vermeintlich herbeigeführt hat. Außerdem ist sie eine Schuldzuweisung, die gegen frühere Liebespartner und unsere Eltern gerichtet ist, weil sie etwas nicht richtig gemacht haben. Selbstvorwürfe gehören natürlich auch dazu. In den tiefsten Bereichen unseres Geistes ist die Depression jedoch letztlich ein Finger der Schuldzuweisung, den wir auf Gott richten, weil er uns im Stich gelassen hat, weil er ein schlechter oder ein schwacher Gott ist, der es versäumt hat, uns zu retten oder uns glücklich zu machen.

Es mag schwerfallen, dieses Konzept zu akzeptieren, besonders dann, wenn man es zum erstenmal liest. Vielleicht möchtest du im Laufe der Jahre noch einmal zu diesem Kapitel zurückkehren, bis dir die Botschaft klar wird. Dieses Konzept beruht jedoch auf mehr als 25 Jahren der Forschung in den tiefsten Bereichen des menschlichen Geistes, und ob du den Gegenstand unseres grundlegenden Disputs nun Gott, Licht, Geist oder sogar Wahrheit nennst, auf unserer tiefsten

Ebene tragen wir alle diesen Zorn oder dieses Gefühl des Verrats in uns.

Wir versuchen, Gott die Schuld für etwas zu geben, das wir getan haben, für einen Plan, der uns niemals glücklich gemacht hätte. Wir versuchen, Gott die Schuld für das zu geben, was wir mit dem Glücksplan unseres Ego gemacht haben. Es mag vollkommen absurd klingen, aber ganz tief innen plant das Ego, Gott von seinem Thron zu stoßen, weil er versagt hat, und selbst Gottes Platz einzunehmen. Wir geben Gott die Schuld für alles, was wir mit der Welt getan haben, und wir benutzen dies als Beweis gegen ihn, damit wir König des Himmels sein können. Das wäre absolut lächerlich, wenn es nicht so trügerisch und schmerzlich wäre. Das Ego nimmt unsere Projektion und Fehlplanung als Beweis dafür, daß wir Fehler gemacht haben, und – wie Nietzsche es einmal von der Bourgeoisie sagte – es lebt, als sei Gott tot. Das war Nietzsches große Anklage gegen die Bourgeoisie, die lebte, als sei das Geld ein Gott und als würde es Gott selbst nicht geben. Natürlich hätte Gott die Dinge, derentwegen wir ihn anklagen, nicht tun und trotzdem Gott bleiben können. Er wäre seine Gotteslizenz losgewesen. Wir dagegen haben allen freien Willen, den wir haben wollen, und er geht sogar so weit, daß wir in die Hand beißen, die uns füttert.

Natürlich wird Gott durch unseren Angriff nicht verletzt, aber wir werden verletzt, und unser höheres Bewußtsein wird blockiert. Dadurch wird es für uns doppelt schwer, Führung und Gnade zu empfangen. Letzten Endes (siehe Weg 50) benutzen wir unseren Tod als Beweis, daß wir mehr Macht haben als Gott, denn er konnte uns nicht hindern, und er konnte uns nicht in den Tod folgen. Das benutzt unser Ego in seinem allerletzten Versuch, Gott zu sein und zu beweisen, daß wir recht haben – todsicher recht. Es ist nur eine weitere Intrige, die uns niemals glücklich machen wird. Sie schneidet uns von der Gnade ab, nicht etwa, weil wir die Gnade wirklich stoppen könnten, sondern weil wir uns von ihr abwenden können. In seinem finalen Wettstreit konkurriert unser Ego mit Gott, hält dies alles vor unserem Bewußtsein verborgen und erzählt uns, daß der Tod unser einziger Ausweg sei.

Dies ist die dritte und uranfänglichste Schicht von Schuld, die im tiefsten Bereich des Geistes entspringt. Bei der ersten Schicht von Schuld geht es um das, was wir getan oder zu tun versäumt haben. Das schließt alles ein, weswegen wir uns schlecht fühlen, wozu auch das

Festhalten gehört. Die meisten Menschen kommen über diese Schicht niemals hinaus. Die zweite Schicht von Schuld dreht sich um unsere Familie und um unseren Versuch, sie zu retten, der einer unserer stärksten Impulse ist. Das Ego verbirgt unsere Geschenke und schlägt uns dann vor, daß wir uns aufopfern sollen, um unsere Familie zu retten. Letzten Endes benutzen wir unsere Familie, um uns zurückzuhalten, erst durch Aufopferung und „Burnout", und dann, indem wir wegen unseres Burnouts und unseres Scheiterns unabhängig von ihr bleiben. Auch wenn wir diese zweite Schicht von Schuld entdecken, bleibt sie trotzdem eine der größten Verschwörungen, die unser Ego benutzt, um uns im Leben zurückzuhalten, indem es uns von unseren Geschenken und unserer Aufgabe fernhält. Angesichts des Zustandes und Mangels an Verbundenheit in den Familien, in denen wir aufgewachsen sind, sind wir alle in diese Falle getappt. Dazu kommt noch die Beziehungsverschwörung, bei der Festhalten nur ein kleiner Teil ist. Die Beziehungsverschwörung versucht, unseren Beziehungen dieselbe Bedeutung zu geben wie Gott. Sie betrachtet Beziehungen als etwas Machtvolles, das die Fähigkeit hat, uns zu retten. Sie verwechselt Selbsterhöhung, die den Wettstreit liebt und Forderungen stellt, mit Gott. Die Beziehungsverschwörung kann verschiedene Formen annehmen: gar keine Beziehung, Beziehungen, die auf Kampf aufbauen, Leblosigkeit, Mißverständnis, Trennung innerhalb der Beziehung oder Festhalten.

Diese gewaltig große Schicht soll unsere Familienverschwörung verbergen, die den Groll enthält, den wir wegen des Schmerzes, den wir erlitten haben, gegen unsere Familie hegen. Dieser Schmerz und unser Groll verbergen jedoch lediglich unsere Gefühle der Wertlosigkeit und des Versagens, weil es uns nicht gelungen ist, unsere Familie vor dem Schmerz zu retten, den wir nun schließlich geerbt haben. In uns tragen wir aber immer noch die Geschenke, mit denen wir zur Heilung unserer Familie beitragen können. Diese Geschenke liegen unter dem Schmerz, der Aufopferung, den Rollen, der Verschmelzung, der Schuld, den Kompensationen, der Co-Abhängigkeit und der Unabhängigkeit der Vergangenheit begraben. Wir können sie aber ganz leicht erreichen, wenn wir uns ihres Vorhandenseins einmal bewußt geworden sind. Wenn diese Geschenke einmal umarmt und mit anderen geteilt wurden, werden sie der Welt auf eine erstaunliche Weise helfen, während wir unsere Aufgabe erfüllen.

All dies verbirgt einen noch tieferen Bereich oder eine dritte Schicht von Schuld, die Christen als die „Ursünde" beschreiben. Das ist der Bereich, in dem wir uns schuldig fühlen, weil wir uns von Gott oder dem Einssein getrennt haben. Wir glauben, daß wir Gottes Geschenke gestohlen und ihn selbst in einem gigantischen spirituellen Ödipus-Konflikt getötet haben. Das gibt uns das Gefühl, daß wir in Gott einen gewaltigen Feind haben, und wir glauben, daß er sehr zornig auf uns ist. So geben wir Gott die Schuld an den Leiden der Welt und benutzen sie als Ausrede, um seine Autorität an uns zu reißen und so zu tun, als seien wir Gott. Natürlich haben wir Gott zum Sündenbock gemacht oder geglaubt, das zu tun, und wir haben ihm vorgeworfen, daß er uns aus dem Himmel hinausgeworfen hat – als ob der Himmel ein Ort wäre, aus dem man dich hinauswirft, und als ob wir irgendeinen Befehl Gottes *jemals* mißachten könnten. Das bedeutet, daß wir uns noch immer im Himmel oder in der Erfahrung des Einsseins befinden, aber wir sperren uns selbst aus diesem Bereich unseres Geistes aus und halten uns an den eher illusorischen Traumbereich des Geistes, den Geist unseres Ego.

Der Angriff, den wir gegen Gott führen, enthält unsere älteste und uranfänglichste Schuld und ist doch ein reines Mißverständnis. Er ist weniger real als der Wutanfall eines Zweijährigen, der gegen seine Eltern gerichtet ist. Die liebevollste Kraft im Universum will nur, daß wir aus diesem Alptraum erwachen, den wir im Hinblick auf diesen Kampf und diese Schuld, diese Selbstbestrafung und diesen Schmerz haben. Könnten wir Gottes Liebe zu uns nur erkennen und uns darauf konzentrieren, dann könnten wir den Schmerz vergessen und aus unseren schlechten Träumen erwachen. Natürlich ist es viel leichter, aus glücklichen Träumen in die Freude des Einsseins hinein zu erwachen als aus einem Alptraum. Unser Festhalten und die darauffolgenden Depressionen sind zu einem unserer Alpträume geworden. Es ist Zeit, daß wir einen glücklichen Traum daraus machen.

Übung

Heute ist es an der Zeit, daß wir den Wahnsinn unseres Ego zugunsten von Gottes Frieden aufgeben. Es ist an der Zeit, daß wir wieder zu einem Kind Gottes werden und zulassen, daß wir geliebt werden, denn das ist die Wahrheit, ganz gleich, ob wir es nun erkennen oder nicht. Es ist an der Zeit, daß wir das Schieben und Stoßen, das Nehmen und die Schwäche oder Vorherrschaft des Ego aufgeben und zulassen, daß wir geliebt, geheilt, geführt und beschenkt und voller Zärtlichkeit und Gnade umarmt werden. Der Wahnsinn der Trennung führt zu Tod, Krieg, Krankheit, Kampf, Haß, Angst, Schuld und zu allem, was negativ ist. Vergib Gott, und der Angriff und die verborgene Schuld, die du auf Gott projiziert hast und die die liebevollste Kraft im Universum zornig und urteilend erscheinen ließen, werden dir vergeben. Auf diese Weise können Geschenke, Gnade und Führung zurückkehren. Lege dich selbst heute in die Hände Gottes oder deines höheren Bewußtseins. Ein neuer Tag erwacht.

Weg 50
Glücklichsein und Bestimmung

Daran, wie groß die Erfüllung eines Menschen ist, kannst du erkennen, wie weit er seiner Aufgabe gemäß lebt, und daran, wie glücklich er ist, kannst du beurteilen, wie gut er seine Bestimmung erfüllt hat.

Deine Aufgabe ist etwas, das du tust. Deine Bestimmung ist etwas, das du bist. Würden wir alle unserer Bestimmung gemäß leben, hätten wir den Himmel auf Erden. Wie die Dinge stehen, haben die meisten von uns – außer in einem äußerst begrenzten Kontext – ihre Bestimmung oder ihre Identität weder erkannt noch über sie nachgedacht. Je mehr wir unsere Bestimmung umarmen, desto mehr Pläne unseres Ego geben wir auf, indem wir Dinge loslassen, von denen wir glaubten, sie würden uns glücklich machen. Das erlaubt uns, im Hier und Jetzt glücklich zu sein. Wenn wir glauben, daß bestimmte Dinge uns glücklich machen, sind wir von diesen Dingen besessen. Wenn wir glauben, daß etwas, jemand oder eine Situation die Quelle unseres Glücklichseins ist, wird es zu einem Zwang, bringt unseren Fluß zum Stocken und macht uns abhängig und bedürftig. Unser Glücklichsein rührt daher, wie sehr wir in Beziehung zu anderen stehen und wie sehr wir uns selbst geben. Eine Verhaftung zeigt einen Ort, an dem wir nehmen wollen, und das führt zu Niederlage, Verletzung und Herzensbruch.

Für das Glücklichsein ist Loslassen von entscheidender Bedeutung, denn Festhalten hindert uns daran, zu dem zu werden, „der zu sein wir gekommen sind“. Es hält uns von unserem Potential fern und hindert uns daran, nach Zukunft und Erfolg zu greifen. Wenn wir unser Potential nicht erreichen, werden wir niemals das Glücklichsein und die Gnade besitzen, die wir mit unserem Partner und mit dem Rest der Welt teilen können.

Unsere Bestimmung ist eng mit unserer Menschlichkeit und unserer Göttlichkeit verbunden. Sie besteht darin, daß wir uns selbst erkennen, wie Gott uns kennt – als sein Kind. Indem wir dieses Selbst umarmen, indem wir der sind, der zu sein wir gekommen sind, zünden wir ein bestimmtes Licht in der Welt an, das bleibt, nachdem wir gegangen sind. Wir haben ein bestimmtes Geschenk für die Welt, das Leben und die Menschen um uns, das segnet, heilt und Glücklichsein erschafft. Wir werden zu einem Leuchtturm für die Menschheit und zu einem lebendigen Schatz für die Welt. Unsere Bestimmung eröffnet Weisheit, Wissen und hohe Stufen der Bewußtheit.

Indem wir unsere Bestimmung im Leben umarmen, gelangen wir in unsere eigene Mitte, und dadurch setzen wir eine Schwingung in Gang, die andere Menschen in ihre Mitte zieht, wo sie Frieden, Unschuld und Gnade finden. Indem wir unsere Bestimmung umarmen, strahlen wir Liebe und eine Offenheit für Führung und Gnade aus.

Wir können hier und jetzt glücklich sein, weil es keinen Ort gibt, an den wir gehen müssen, und weil es nichts gibt, das wir tun müssen, um glücklich zu sein. Wir müssen es nur als Gnade und Gottes Liebe für uns empfangen. Was unsere Bestimmung angeht, sind wir nicht länger von den vielen Zielen und Gedankensystemen des Ego getrieben, so daß unser Geist gedankenleer wird und nur von Bewußtheit, Liebe, Glücklichsein und guter Laune erfüllt ist. Je leerer unser Geist von zielgerichteten Gedanken wird, um so mehr fühlen wir die Erkenntnis des Einsseins. Wir werden liebevoll, glücklich und sind in Gott zentriert. Wir haben gelernt, einen Schritt zurückzutreten, uns zu entspannen und den Himmel vorangehen zu lassen. Wenn es etwas zu tun gibt, werden wir geführt, um es zu tun; wenn wir inspiriert sind, etwas zu tun, dann lassen wir zu, daß Gnade es durch uns vollbringt. In dem Maße, in dem unser Denken und unsere Erinnerungen wegfallen, nehmen unsere Bewußtheit, gute Laune, Inspiration und Intuition zu. Die Antworten auf Fragen kommen als Widerhall aus unserem Inneren. In dem Maße, in dem unsere Ziele, Bedürfnisse und Habgier verschwinden, in dem Maße verschwindet auch die Zukunft und wird durch das ewige Jetzt ersetzt. In dem Maße, in dem unser Ego schwindet, gibt es weniger von uns und mehr Liebe, Weisheit und Licht. Wir erkennen die Kraft unseres Geistes, Entscheidungen zu treffen, und wir richten den Traum unseres Lebens auf einen glücklichen Traum aus. Wir entscheiden uns immer mehr für Liebe und Glücklichsein. Wir haben unsere wahre Wirkungskraft erlangt.

Wir erkennen die Kraft unseres Geistes und verstehen, daß die Realität wesentlich fließender und flexibler ist, als wir zuerst dachten.

Doch wir tragen nicht die schwere Last der Verantwortung, sondern die Fähigkeit, auf andere einzugehen.[7] Wir hören mehr und mehr auf unser höheres Bewußtsein, weil wir erkennen, daß es allein uns befreien und uns auf anmutige Weise den Weg weisen kann. Wir erkennen, daß alles, was geschieht, zum Besten ist, und daß angesichts dessen, was in uns der Heilung bedarf, alles sich auf die höchstmögliche Weise entwickelt. Wir sind für die Welt ein Meister, für uns selbst jedoch nichts Besonderes geworden. Das Aufgeben unserer Selbsterhöhung läßt zu, daß Liebe vom Himmel durch uns zu anderen und zur Welt hin und wieder zurück fließen kann.

Als ein Meister läßt unsere Liebe zu anderen Menschen uns Illusion und Karma im Schmelzofen unseres Herzens durch Liebe und Mitgefühl verbrennen, so daß wir andere aus Enttäuschung, Schmerz, ihrem selbst gewählten Gefängnis und sich wiederholenden Fehlern retten. Wir fangen an, genau jene Glaubenssätze in Frage zu stellen, welche die Menschheit fordern und in Gefahr bringen, denn wir erkennen sie als Glaubenssätze, die transzendiert werden können. Dazu gehören Krankheit, Leiden, Opfersein, Mangel (siehe Glossar) und Tod. An diesem Punkt haben wir die Polarisierung von Ich und Du, Subjekt und Objekt, hinter uns gelassen und haben statt dessen ein Gefühl des Wir entdeckt, eine Verbundenheit, die auf dieser Stufe offensichtlich zu sein scheint. Wir haben die Einheit aller Dinge erkannt.

Hier existiert nur noch der Wunsch nach Frieden und einem ruhigen Geist, damit die Herrlichkeiten des Himmels sich auf uns und durch uns auf die Menschheit ergießen können. Hier gibt es nur noch Verbindung, die alle auftretenden Störungen heilt, und Freude, die daher rührt, daß wir Liebe geben und Liebe empfangen, ganz besonders die Liebe Gottes. Hier haben wir die Verfolgungsjagd nach vergnüglichem Schmerz oder schmerzlichem Vergnügen aufgegeben, und paradoxerweise werden wir mit Entzücken und Erfüllung überhäuft, während wir versuchen, die Welt mit heilendem Balsam und dem Licht des Himmels zu segnen. Wir leben das Leben eines Mystikers, erfüllt von der Schönheit und Gnade des geliebten Gottes, und wir sind ein Freund der Welt, weil wir den Geliebten Freund umarmt

---

7 Anm. der Übersetzerin: Zur Erklärung siehe Fußnote 3 auf Seite 63.

haben. Der Himmel kommt der Erde ein wenig näher, und diejenigen, die entmutigt, erschöpft und unabhängig sind, finden die Wahrheit von Liebe und Partnerschaft.

Übung

Heute besteht deine Aufgabe noch nicht einmal im Loslassen. Heute ist ein Tag, um dein Schicksal zu umarmen. Wünsche dir deine wahre Identität als das geliebte Kind Gottes, das alle guten Dinge verdient. Dieses spirituelle Vermächtnis bringt es mit sich, daß tagtäglich Wunder geschehen. Entscheide dich dafür, dich deiner Bestimmung ganz und gar hinzugeben. Entscheide dich dafür, mit ihr zu gehen. Du hast eine Wahl. Wenn du zuläßt, daß der Himmel dich in so großem Maße erfüllt, kann die Welt fortwährenden Segen erfahren.

Glossar

Aufopferung ist eine Rolle, die wir annehmen, um einen Verlust abzuwehren. Wenn wir uns aufopfern, geben wir, aber wir empfangen nicht. Wir wollen jetzt verlieren, weil wir hoffen, später zu gewinnen. Aufopferung ist wirkungslos. Sie blockiert Intimität in dem Versuch, lieber die Sicherheit der Verteidigung als Gleichheit und Nähe zu haben.

Beziehungsphasen sind die Phasen, die alle Beziehungen auf ihrem Weg, den Himmel auf Erden zu erschaffen, durchlaufen. Jede Phase hat ihre eigenen Herausforderungen, Fallen und Antworten. Wenn du die verschiedenen Beziehungsphasen kennst, bist du besser darauf vorbereitet, mit den Herausforderungen umzugehen und dich von den Problemen nicht auf dem falschen Fuß erwischen zu lassen.

1. Beziehungen beginnen mit den Flitterwochen oder der romantischen Phase, in der wir den anderen idealisieren. In dieser Phase können wir jedoch auch das Potential der Beziehung sehen und spüren.
2. Dann folgt die Phase des Machtkampfs, in der wir lernen, unsere Differenzen zu überbrücken, zu kommunizieren, uns zu verbinden und beide Positionen zu integrieren. In dieser Phase projizieren wir unsere Schattenfiguren auf unseren Partner und kämpfen in erster Linie um unsere Bedürfnisse.
3. In der Phase der Todeszone lernen wir, von guter Form zur Authentizität zu gelangen und unseren eigenen Wert ohne Rollen oder Aufopferung zu finden. Außerdem lernen wir, wie wir Verbundenheit herstellen und über die vorgetäuschte Verbundenheit, der Verschmelzung, hinausgelangen können.
4. In der partnerschaftlichen Phase sind wir zu einem Gleichgewicht zwischen unseren eigenen männlichen und weiblichen Seiten gelangt, und entsprechend tun wir dies auch in unserer Beziehung und mit unserem Partner. Wir finden Gleichgewicht, Gleichheit und Intimität.
5. In der Phase der Führungsqualitäten sind wir beide zu Führern im Leben geworden und haben gelernt, uns über den Konflikt und den Wettbewerb der Persönlichkeiten hinaus gegenseitig zu wertschätzen.
6. Die Phase der Vision haben wir erreicht, wenn wir, zusammen mit unserem Partner, zu einem Visionär geworden sind und einen Beitrag für die Erde und die Heilung von unbewußtem Schmerz und unbewußten Bruchstellen leisten.
7. In der Phase der Meisterschaft haben wir unsere Gefühle des Versagens und der Wertlosigkeit in Beziehungen bis zu dem Punkt geheilt, an dem wir von Tun und Werden zu Sein und Gnade gelangen. Hier werden wir für die Erde zu lebendigen Schätzen. Hier beginnt für unsere Beziehung der Himmel auf Erden.

Ego ist der Teil von uns, der nach Trennung und Selbsterhöhung strebt und letzten Endes Gott sein will. Das Ego kämpft in erster Linie immer für sich selbst und seine eigenen Bedürfnisse. Es ist auf Angst, Schuld, Negativität und Wettbewerb aufgebaut. Es will immer Bester sein, selbst dann, wenn das Schmerz bedeutet oder das Beste vom Schlimmsten ist. Das Ego lenkt ab, verzögert und versucht Entwicklung zu verhindern, weil es eher an seinem eigenen Fortbestand interessiert ist. Es basiert auf der Regel von Beherrschung und Unterwerfung und nicht auf Stärke oder Wahrheit. Letztlich ist es eine Illusion. Wir stärken es, solange wir jung sind, und lösen es dann auf, um Partnerschaft zu erlangen und Gnade zu erfahren.

Geschenke sind Aspekte der Größe oder der Gnade, durch die jede Aufgabe leicht wird. Unsere Geschenke sind die Antwort auf alle Situationen, denn sie klären das Problem. Geschenke sind gelernte Lektionen, die stets geben und die Dinge in Fluß bringen. Es sind kleine Päckchen der Weisheit, der Heilung und des Einfühlungsvermögens für die gegebene Situation. In jedem Problem verbirgt sich ein mögliches Geschenk. Wir tragen viele tausend ungeöffnete Geschenke in uns, die das Gegenmittel für Schmerz und Probleme sind.

Höheres Bewußtsein ist der Aspekt unseres Geistes, der schöpferisch ist, der alle Antworten enthält oder empfängt und der unseren Willen und unseren Geist für die Gnade öffnet, die der Himmel und die Welt uns zuteil werden lassen wollen. Es führt uns stets mit ruhiger Stimme zur Wahrheit hin. Es ermutigt uns, gemeinsam zu gewinnen, nicht nur jetzt, sondern auch in Zukunft.

Kompensation ist der Versuch, etwas Negatives wettzumachen, indem wir uns auf eine entgegengesetzte Weise verhalten, so als würden wir eine Rolle spielen.

Liebe ist das höchste Ziel und gleichzeitig das beste Mittel, um das Ziel zu erreichen. Sie ist die süße Erfüllung, die sich einstellt, wenn man sich mit offenem Herzen gibt. Sie bedeutet Geben, Empfangen, Teilen und die Hand nach dem anderen Ausstrecken. Liebe ist die Grundlage des Seins und die beste Umschreibung von Gott, ganz gleich, welcher Art unsere religiösen Überzeugungen sind. Sie gibt uns alles, was wir wollen – Sinn, Glück, Heilung, Gedeihen und Freude. Unsere Entwicklung und unser Glück beruhen darauf, wieviel wir in der Liebe geben und empfangen.

Mangel ist ein Glaubenssatz, der auf der Angst beruht, daß es nicht genug gibt und daß wir oder ein anderer leer ausgehen muß. Glaube an Mangel führt zu Machtkampf, Wettbewerb und Aufopferung.

Manifestieren ist der bewußte Einsatz unseres Geistes, um uns für das zu entscheiden, was wir wollen. Es heißt, daß wir das, was wir wollen, visualisieren, fühlen und spüren, um es dann loszulassen und Vertrauen zu haben. Es erlaubt uns, genau und im Detail das zu erschaffen, was wir haben wollen.

Schattenfiguren sind Selbstbilder, durch die wir uns selbst verurteilen und die wir als Folge davon verdrängt haben. Sie stehen für Bereiche von Selbsthaß, die wir auf andere Menschen oder auf die Welt im allgemeinen projizieren.

Verbundenheit ist die Verbindung, die zwischen uns und anderen Menschen besteht. Sie führt nicht durch Kampf und Schwierigkeit, sondern durch

Leichtigkeit zu Liebe und Erfolg. Es ist die Verbundenheit, die der Bindekraft ihren Leim und der Teamarbeit ihre Gegenseitigkeit verleiht.

Verschmelzung ist das Durcheinandergeraten von Grenzen, das passiert, wenn wir die Verbundenheit verlieren. Wir können nicht mehr sagen, wo wir selbst aufhören und ein anderer anfängt. Verschmelzung ist die Antwort des Ego auf verlorene Intimität. Sie ist eine vorgetäuschte Form der Verbundenheit, die zu Aufopferung und Groll führt. Verschmelzung ruft ein überbelastendes Gefühl von Loyalität hervor, das irgendwann zu einem „Burnout" führt und bewirkt, daß wir das entgegengesetzte Extrem der Unabhängigkeit wählen. Von übergroßer Fürsorge und erstickender Zuneigung bewegen wir uns hin zu einer Haltung, in der wir vorgeben, daß es uns nicht kümmert.

Verschwörung ist eine chronische Falle des Ego, die so gut aufgestellt ist, daß es so aussieht, als würden wir ihr niemals entkommen. Verschwörungen sind besonders schwierig zu heilen, bis wir erkennen, daß das Problem auf diese Weise gestellt worden ist.

Wutanfall ist eine Entscheidung, bei der wir reaktiv sind, klagen, uns zurückziehen oder uns selbst verletzen, wenn das Leben nicht so läuft, wie wir uns das bewußt wünschen. Ein Wutanfall kann jede mögliche Form von Versagen, Unreife oder mangelndem Erfolg annehmen.

Seminare mit Lency und Chuck Spezzano

Psychology of Vision-Seminare sind verdichtete Lebenserfahrung. Sie sind eine Gelegenheit, die vielen Facetten unserer Persönlichkeit zu erkunden und die praktischen Schritte zu erlernen, die uns von dort, wo wir jetzt sind, zum lebendige Ausdruck des vollen menschlichen Potentials führen. Jedes Seminar ist ein einzigartiges Erlebnis, eine Entdeckungsreise in die Welt des Bewußtsein.

An *Psychology of Vision*-Seminaren treffen sich Menschen jeden Alters, aus vielen Ländern, mit verschiedenstem beruflichen und persönlichem Hintergrund, alleinstehende Frauen und Männer (rund die Hälfte der Teilnehmer sind Männer), Paare, ja sogar ganze Familien. Was alle verbindet, ist die Bereitschaft, sich für Veränderungen zu öffnen, um mehr Lebendigkeit, mehr Erfolg, liebevollere Beziehungen in ihrem Leben zu verwirklichen.

Als Team und Ehepaar verbinden sich in Chuck und Lency Spezzano zwei außergewöhnliche Persönlichkeiten zu einer Intensität, die tiefgreifende Veränderungen in den Menschen auszulösen vermag, und zwar auf allen Ebenen menschlichen Seins: spirituell, psychisch-emotionell, körperlich.

Kontaktadressen für Seminare mit Lency und Chuck Spezzano:

Psychology of Vision D-A-CH, Frankfurt

Telefon: 069-48982987, Fax 069-48982988
E-mail: D-A-CH@psychologyofvision.com
Internet: www.psychologyofvision.com

Frankfurter Ring, Frankfurt

Telefon: 069-511555, Fax 069-512220
E-mail: info@frankfurter-ring.org
Internet: www.frankfurter-ring.org

Wrage Seminar Service, Hamburg

Telefon: 040-41329715, Fax 040-442469
E-mail: wrage@wrage.de
Internet: www.wrage.de

Weitere Bücher aus dem Verlag Via Nova:

Wo Engel gehen auf leisen Sohlen

Wie Sie Beziehungen erfolgreich und harmonisch gestalten können

Chuck Spezzano

Hardcover, 304 Seiten, ISBN 978-3-86616-056-9

„Narren stürmen blind voran, wo Engel gehen auf leisen Sohlen." Unter diesen von dem britischen Schriftsteller Alexander Pope geprägten Satz stellt Chuck Spezzano sein neues Buch. Wieder einmal geht es um menschliche Beziehungen, und wieder einmal ist es dem weltbekannten Lehrer und Experten in der Kunst von Beziehungen hervorragend gelungen, seine neuesten Erkenntnisse auf unterhaltsame, spannende und zugleich unnachahmlich humorvolle Weise zu Papier zu bringen. In 101 abgeschlossenen Kapiteln zeigt er anhand zahlreicher „wahrer Begebenheiten" aus seinem eigenen Leben und praktischer Beispiele aus den unzähligen Seminaren, die er seit vielen Jahren auf der ganzen Welt leitet, in welche Beziehungsfallen Menschen tappen und wie sie sich schnell und erfolgreich daraus lösen können, um ihre Beziehungen zu einem wahren „Kunstwerk" zu gestalten. Der „neue Spezzano" zeigt einmal mehr richtungweisende psychologische und spirituelle Wege auf, die uns zu glücklichen Beziehungen und damit auch zu einem glücklicheren Leben führen können.

Wenn es verletzt, ist es keine Liebe

Chuck Spezzano

10. Auflage

Gebunden, 416 Seiten – ISBN 978-3-928632-20-1

Dieses Buch verändert Ihr Leben. Ein Wissender zeigt den Weg, wie Sie ein Leben führen können, das erfüllt ist von Liebe und Verstehen, von Freude und Glück. Sie erfahren in 366 Kapiteln wichtige Lebensgrundsätze, die Ihre zwischenmenschlichen Beziehungen auf eine höhere Ebene heben.
Die Weisheit der Liebe, die der Verfasser in jahrzehntelanger Forschungsarbeit als Psychotherapeut, als weltweit bekannter Seminarleiter, als visionärer Lebenslehrer entdeckt und in klare Weisungen umgesetzt hat, verwandelt Sie und berührt Ihr wahres Wesen, das Liebe ist. Durch die angebotenen Übungen, die das theoretisch Erkannte auch in den praktischen Alltag umsetzen, wird das Buch zu einem Wegbegleiter und Ratgeber in bedrängenden Beziehungsnöten. Wenn Sie Schritt für Schritt in die wichtigsten Grundprinzipien der Liebe eingeführt werden, reifen Sie in Ihrer Selbsterkenntnis, können Ihre Beziehungen in Partnerschaft und Freundschaft neu ordnen, vertiefen und intensivieren. Sie können die Ursachen für Ihre Schwierigkeiten in der Liebe erkennen, Blockaden auflösen und seelische Wunden heilen lassen.

Wenn es verletzt, ist es keine Liebe

Die Essenz des Bestsellers
Hörbuch mit 3 CDs – gelesen von Werner Vogel

Chuck Spezzano

Hörbuch mit 3 CDs, ISBN 978-3-86616-066-8

Die Weisheit der Liebe, die der Verfasser des Bestsellers in jahrzehntelanger Forschungsarbeit als Psychotherapeut, als weltweit bekannter Seminarleiter, als visionärer Lebenslehrer und als Begründer der „Psychology of Vision" entdeckt und in klare Weisungen umgesetzt hat, verwandelt den Menschen und berührt sein wahres Wesen, das Liebe ist. Die wichtigsten Aussagen des Buches sind in dem Hörbuch zusammengestellt. Durch die nach jedem Abschnitt angebotenen Übungen kann das theoretisch Erkannte auch in den praktischen Alltag umgesetzt werden, dann wird das Hörbuch zu einem Wegbegleiter und Ratgeber in bedrängenden Beziehungsnöten. Eine begleitende spirituelle Musik führt noch stärker in die Tiefe und verstärkt die Wirkung der Übungen. So werden Sie Schritt für Schritt in die wichtigsten Grundprinzipien der Liebe eingeführt, reifen in Ihrer Selbsterkenntnis und können Ihre Beziehungen in Partnerschaft und Freundschaft neu ordnen, vertiefen und intensivieren.

Wenn es verletzt ist es keine Liebe

52 Beziehungskarten für jede Woche

Chuck Spezzano

ISBN 978-3-86616-057-6

Die Beziehungskarten können helfen, die wichtigsten Prinzipien und Lebensweisheiten über glückliche Beziehungen aus dem Bestseller „Wenn es verletzt, ist es keine Liebe“ so zu verinnerlichen, dass sie im Alltag als konkrete Lebenshilfe angewandt und verwirklicht werden können.
Es kann eine Karte intuitiv gezogen oder auch bewusst ausgewählt werden, auf der dann ein wichtiges Prinzip der Beziehungskunst steht, das einen eine ganze Woche lang begleiten kann.
Die Karte kann man sichtbar an einem Ort aufstellen, der ständig im Gesichtsfeld ist – Schreibtisch, Küchenschrank, Spiegel im Bad, so dass diese Beziehungsweisheit immer wieder bewusst wird, bis sie als Herzenserkenntnis zu Eigen geworden ist.

50 Wege das Leben positiv zu gestalten

4. Auflage

Wie Sie jedes Problem lösen und Ihr Leben verbessern können

Chuck Spezzano

Paperback, 272 Seiten, ISBN 978-3-86616-067-5

Jeder von uns möchte ein glückliches, gesundes und erfolgreiches Leben führen, oder er sucht nach Wegen und Möglichkeiten, es positiv zu gestalten und zu verbessern. In diesen Buch finden Sie Heilungs- und Lebensprinzipien, die Ihnen helfen, diese Ziele zu verwirklichen. Wir erhalten alle Zugang zu der wertvollen Weisheit, die zahllosen Menschen auf der ganzen Welt einen Weg zur Lösung ihrer Probleme und zur Verbesserung des Lebens gewiesen hat. Das Buch ist ein wichtiger Ratgeber für alle, die eine Veränderung in ihrem Leben bewirken wollen. Es stellt fünfzig umfassende Möglichkeiten vor, um Lebensprobleme zu lösen und dann weiterzugehen. Folgen Sie den aufschlussreichen, praktischen Übungen und lernen Sie, wie Sie jede Schwierigkeit, die Ihnen im Weg steht, erfolgreich bewältigen, Ihren Geist transformieren und den Weg zu persönlicher Entwicklung entdecken können. Probleme enden niemals – das liegt in ihrer Natur, und mit jedem Problem, das wir bewältigen, kommen wir in unserer persönlichen Entwicklung einen Schritt voran. Dieses Buch möchte den Leser auf seinem Weg begleiten, ihm ein treuer Freund und Gefährte sein, der immer da ist, wenn man ihn braucht.

50 Wege sich mit jedem zu verstehen

Wie Sie das Beste aus allen Beziehungen machen können

3. Auflage

Chuck Spezzano

Paperback, 192 Seiten, ISBN 978-3-86616-068-2

In diesem Buch geht es nicht nur darum, die Grundgesetze für den richtigen, liebevollen Umgang mit dem Mitmenschen zu erlernen, sondern diese Prinzipien als verwandelnde Kraft für eine neue, von Liebe und Verstehen geprägte Lebensweise zu erfahren, die alle Lebensbereiche erfasst. Ihre Kenntnisse und Anwendung heben die Beziehung zu jedermann auf eine höhere Ebene der Liebe, so dass sie von größerer Intensität, tieferen Gefühlen und beglückender Nähe bestimmt werden. Die Absicht dieses Buches besteht darin, den Menschen ein Mittel zur Verfügung zu stellen, damit sie das Höchste in ihren Beziehungen erreichen können, wobei beide Parteien gleichermaßen gewinnen, sowohl jetzt als auch in Zukunft. Dieses Buch vermittelt tatsächlich einen neuen Lebensstil. Die Wurzel jedes Problems ist ein Beziehungsproblem. Durch Heilung des zugrunde liegenden Beziehungsproblems fallen die äußeren Symptome vieler anderer Lebensprobleme einfach weg. Ein ausführliches Übungsprogramm gibt Weisung, vermittelt Einsichten und konkrete Hilfen.

Heilung des Körpers durch den Geist

Krankheit als körperlicher Ausdruck psychischer Störungen

Chuck Spezzano / Janie E. Patrick

3. Auflage

Hardcover, 192 Seiten, 3 farbige Poster
ISBN 978-3-936486-01-8

Das Buch geht von der engen Verbindung und Wechselwirkung Körper – Geist/Seele aus und versteht den Körper als Spiegel der Seele. Wir projizieren unsere inneren Konflikte auf ihn und in ihn und verkörpern sie auf diese Art und Weise. Der Körper antwortet mit Symptomen, die wir als bildhaften Ausdruck und Sinn-Bild dessen verstehen können, was wir als Konflikte in unserem Innern vor uns selbst verleugnen, verbergen und verdrängen. Diesen Ansatz greifen die Autoren auf. Sie nehmen die körperlichen Symptome als Signale unseres Inneren, entschlüsseln und lesen sie. Sie nutzen dazu mehrere Ausgangspunkte wie die Funktion des betroffenen Körperteils oder Organs, seine Bezeichnung, Sprichwörter und Redewendungen usw. und fragen: Was will uns der Körper mit diesem Symptom, mit der Störung gerade an diesem Teil oder Organ sagen? Ist in diesem Punkt Klarheit gewonnen, so ist der Zeitpunkt gekommen, das seelische Problem zu lösen und wieder gesund zu werden.

Die tieferen Dimensionen des Erfolgs

Erfolgs-Serie Band 2

Chuck Spezzano

Hardcover, 280 Seiten – ISBN 978-3-86616-034-7

„Die tieferen Dimensionen des Erfolgs" ist der zweite Band und ein wichtiger Bestandteil der Reihe „Erfolg kommt von innen". Das Buch zeigt auf, dass die Erfahrung von Erfolg nicht nur ein äußeres Phänomen ist, sondern vielmehr im Herzen und im Bewusstsein stattfindet. Es untersucht noch eingehender und tiefgreifender, auf welche Weise das Herz und das Bewusstsein sich miteinander verbinden, um Erfolg herbeizuführen. Es enthält weitergehende Erfolgsprinzipien und offenbart weitere Fallen und mögliche Wege zu deren Lösung. Es zeigt den Weg auf, der mit Hilfe innerer Erfolgsprinzipien voranführt, und taucht zu diesem Zweck auch in die unterbewussten und unbewussten Bereiche des Bewusstseins ein, um das aufzulösen, was uns an der Zuversicht hindert, ein immer höheres Maß an Erfolg in allen Bereichen unseres Lebens haben zu können. Es enthält neue Geschichten, Beispiele, Prinzipien und Methoden.

Es muss einen besseren Weg geben

Ein Handbuch zur Psychologie der Vision

Dr. Chuck Spezzano und Lency Spezzano

Hardcover, 184 Seiten – ISBN 978-3-936486-25-4

Dieses neue, systematisch aufgebaute und dabei übersichtlich-prägnante Handbuch zur Psychologie der Vision

- gibt einen Einstieg, um die grundlegenden Prinzipien der Psychologie der Vision einer breiten interessierten Öffentlichkeit zugänglich zu machen;
- beschreibt das Wesen und den Wert der Psychologie der Vision für Therapeuten und für Menschen, die selber an sich arbeiten möchten;
- bietet einen einfachen Zugang zum Verständnis von Essenz, Modellen, Methoden und Techniken der Psychologie der Vision;
- fördert die Vertiefung von Prozessen für Teilnehmer/-innen an Vorträgen und Seminaren über die Psychologie der Vision und stellt einen Leitfaden für Menschen dar, die sich eine formelle Ausbildung überlegen;
- präsentiert schließlich innovative und machtvolle geistige Samen, um das Bewusstsein zu transformieren und die Welt zum Besseren zu verändern.

Karten der Liebe

2. Auflage

84 farbige Karten mit Begleitbuch

Chuck Spezzano

Karten und Buch in einer Stülpschachtel, Buch 144 Seiten
ISBN 978-3-936486-08-7

Einige Menschen scheinen größeres Glück in der Liebe zu haben als andere, aber es steckt mehr dahinter als nur Glück. Der Verfasser zeigt auf anschauliche Weise, wie der aufmerksame Leser mit Hilfe der 84 Karten seine Chancen für eine glückliche und erfolgreiche Liebesbeziehung vergrößern kann. Die Karten sind in die vier Kategorien Heilung, Glück, Gnade und Probleme unterteilt. In dem dazugehörigen Begleitbuch werden alle Karten und ihre jeweiligen Bedeutungen ausführlich beschrieben. Außerdem werden verschiedene Befragungsbeispiele und Legesysteme vorgestellt. *„Die Karten der Liebe"* sind sowohl für Menschen gedacht, die noch nach ihrer ganz besonderen Beziehung suchen oder die gerade am Anfang einer Beziehung stehen als auch für Menschen in einer langfristigen Beziehung, für die die Karten neue Erkenntnisse über ihre Liebesbeziehung vermitteln und eine Hilfe darstellen, sie zu verbessern. Sie zeigen nicht nur die schönen Seiten der Liebe wie Vertrauen, Lachen und Glück, sondern auch ihre Fallen wie Erwartungen, Kontrolle und Eifersucht, die es zu vermeiden gilt, damit die Liebe nicht schal wird.

Dein Seelenhaus

Ein direkter Weg mit der Seele zu sprechen

Peter Reiter

Hardcover, 200 Seiten, ISBN 978-3-86616-062-0

Spielerisch die eigene Seele erkunden, Vorzüge und Defizite seiner Persönlichkeit in wenigen Minuten erkennen lernen und dabei auch noch Spaß und Entdeckerfreude haben – geht das? Ja, mit der hier vorgestellten und neu entwickelten Methode von Dr. Peter Reiter ist dies einfach.
Nicht nur, dass Sie endlich wissen werden, welche Talente und Fähigkeiten in Ihnen schlummern, Sie erkennen in diesem Bild des Seelenhauses sofort, schnell und sicher ihre Defizite oder Bereiche, die der Zuwendung, Entwicklung und Heilung bedürfen. Sie verändern mit dem Umbau des Seelenhauses auch Ihre Seelenmuster und von da ausgehend auch Ihre äußere Erscheinung und Ihr Verhalten zur Mitwelt. Dies funktioniert bei Ihnen selbst wie auch bei Ihren Freunden, Kindern, Partnern oder Klienten und Patienten – eine kurze Bildmeditation genügt, um das Innere zu erfassen. Es geschieht mühelos, nur über eine entsprechende Visualisation und Absicht, denn die Lebensenergie folgt den Gedanken oder Bildern.

Räum dein Leben auf!

100 % mehr Lebensfreude

Matt Galan Abend

Hardcover, 144 Seiten, 56 z.T. ganzseitige Zeichnungen,
ISBN 978-3-86616-060-6

Der Mensch ist eingeschlossen in ein Gefängnis aus Konditionierungen, wie „man" zu sein hat, was „man" tut, was „man" von ihm erwartet, was „man" von ihm denkt usw. Der Mensch „kämpft" um alles und jedes, um sein Ansehen, um sein Geld, um seine Gesundheit, seine Sicherheit, seinen Arbeitsplatz oder was auch immer. Leichtigkeit, Lebenslust und Lebensfreude bleiben dabei meist auf der Strecke. Wenn wir gründlich Hausputz halten, wenn wir uns aus dem Dickicht unserer Konditionierungen befreien, wenn wir endlich aufräumen und das berühmte „man" aus unserem Leben verbannen, wenn wir die Sorge darum verlieren, wie andere über uns denken, wenn wir die Angst überwinden, unseren Partner, unseren Job oder gar unser Geld zu verlieren, wenn wir den Maßstab in uns selbst und nicht im Außen finden, kann dies so etwas wie unsere zweite Geburt sein. Aber diese Änderung kann immer nur von innen nach außen, und niemals von außen nach innen erfolgen. Die vielen künstlerischen Zeichnungen von Annette Kramer unterstützen die eindringlichen Aussagen des Buches.